特例措置と**一般措置**の仕組みがわかる

事業承継税制ナビ

Business Succession Taxation Scheme

編著
平川 忠雄

共著
中島 孝一　佐久間 美亜

税務経理協会

はじめに

　平成30年度税制改正により、中小企業の代替わりを促進するため、事業承継税制の特例が税制上の措置として講じられました。

　事業承継税制は、既に平成21年度改正において創設されてから、毎年のように改正が行われ、平成25年度改正により創設当初と比較してかなり使い勝手のよい制度に見直しされてきましたが、見直しされた制度の適用を受ける中小企業者は限定的なものでした。

　そのような状況を打開するため、平成30年1月1日から10年間の時限措置として、従来の事業承継税制を大幅に緩和した措置が設けられました。

　したがって、今後10年間は、従来の事業承継税制（本書では「一般措置」としています）と事業承継税制の特例（本書では「特例措置」としています）の両税制が設けられることになりました。

　本書では、両税制（「一般措置」と「特例措置」）について、制度の内容を理解しやすくすることを目的として、時系列的に「一般措置」について、創設時の制度の仕組みを説明するとともに、各年度の改正内容を解説しています。

　特例措置は、一般措置が大幅に緩和された5項目（①対象株式数条件等の撤廃、②対象者の拡充、③雇用要件の実質的撤廃、④事業の継続が困難な事由が生じた場合の免除、⑤相続時精算課税制度の適用範囲の拡充）を中心に解説していますが、特例措置は上記5項目以外は、一般措置の規定を準用していることに留意する必要があります。

　また、特例措置については、平成30年4月1日から5年の間に「特例承継計画」を都道府県に提出しなければ、適用を受けることができない仕組みになっていることから、その「特例承継計画」の記載方法について、記載例を基に解説を行っています。

　本書は、可能な範囲で最新情報を収集して「創設された事業承継税制の特例の仕組みと実務」という観点から、税務専門職や納税者の方々のために、実務上必要な項目を重点的に編集していますので、税務業務や研修等を含め広くご活用いただけることを期待しています。

平成30年8月

　　　　　　　　　　　　　　　　　　　　税理士法人 平川会計パートナーズ
　　　　　　　　　　　　　　　　　　　　　　総括代表社員 平川 忠雄

目　次

はじめに

第1章　一般措置における事業承継税制の仕組み

Ⅰ　事業承継税制の概要　*2*

1　創設の背景　*2*

2　租税特別措置法の構成　*3*

3　相続税及び贈与税の納税猶予制度の全体像　*5*

4　相続税及び贈与税の納税猶予制度の構成　*7*

5　一般措置の適用を受けるための手続　*9*

6　一般措置における用語の比較　*10*

Ⅱ　相続税の納税猶予制度の仕組み　*13*

1　制度の概要　*13*

2　適用を受けるための要件　*15*

3　対象となる非上場株式等の数　*23*

4　納税猶予分の相続税額の計算　*23*

5　用語の定義　*27*

6　適用を受けるための手続　*32*

7　納税猶予期間中の手続　*37*

8　経営承継期間内における納税猶予に係る期限の全部確定　*39*

9　経営承継期間内における納税猶予に係る期限の一部確定　*43*

10　経営承継期間後における納税猶予に係る期限の確定　*43*

11　猶予税額が免除される場合　*44*

12　その他の取扱い　*48*

Ⅲ　贈与税の納税猶予制度の仕組み　*54*

1　制度の概要　*54*

2　適用を受けるための手続　*55*

3　対象となる非上場株式等の数　*58*

4　納税猶予分の贈与税額の計算　*60*

5 適用を受けるための手続　*61*

6 納税猶予期間中の手続　*62*

7 経営贈与承継期間内における納税猶予に係る期限の全部確定　*62*

8 経営贈与承継期間内における納税猶予に係る期限の一部確定　*65*

9 経営贈与承継期間後における納税猶予に係る期限の確定　*65*

10 猶予税額が免除される場合　*67*

11 その他の取扱い　*70*

Ⅳ　贈与者（先代経営者）が死亡した場合の取扱い　*73*

1 贈与者が死亡した場合の相続税の課税の特例　*73*

2 贈与者が死亡した場合の相続税の納税猶予制度への移行　*73*

Ⅴ　平成 25 年度改正項目　*76*

1 改正の背景　*76*

2 改正の概要　*76*

3 改正の内容　*77*

Ⅵ　平成 27 年度改正項目　*103*

1 改正の背景　*103*

2 改正の内容　*103*

Ⅶ　平成 29 年度改正項目　*105*

1 改正の背景　*106*

2 改正の内容　*107*

Ⅷ　平成 30 年度改正項目　*111*

1 改正の背景　*111*

2 改正の内容　*111*

第2章　特例措置における事業承継税制の仕組み

Ⅰ　事業承継税制の概要　*114*

1 創設の背景　*114*

2 租税特別措置法の構成　*115*

3 相続税及び贈与税の納税猶予制度の特例の構成　*116*

4 特例措置と一般措置との相違点　*117*

5 特例措置の適用を受けるための手続　*124*

6 特例措置における用語の比較　*126*

Ⅱ 相続税の納税猶予制度の特例の仕組み　*127*

1 制度の概要　*127*

2 適用を受けるための要件　*128*

3 特例経営承継期間　*130*

4 特例対象非上場株式等の範囲　*131*

5 納税猶予分の相続税額の計算　*131*

6 事業の継続が困難な事由が生じた場合の減免制度　*134*

7 その他の取扱い　*141*

Ⅲ 贈与税の納税猶予制度の特例の仕組み　*143*

1 制度の概要　*143*

2 適用を受けるための要件　*145*

3 特例経営贈与承継期間　*147*

4 特例対象受贈非上場株式等の範囲　*149*

5 納税猶予分の贈与税額の計算　*149*

6 事業の継続が困難な事由が生じた場合の減免制度　*151*

7 その他の取扱い　*158*

Ⅳ 特例贈与者（先代経営者）が死亡した場合の取扱い　*159*

1 特例贈与者が死亡した場合の相続税の課税の特例　*159*

2 贈与者が死亡した場合の相続税の納税猶予制度の特例への移行　*159*

Ⅴ 円滑化法省令の規定による手続　*161*

1 「特例承継計画」の提出・確認　*161*

2 雇用確保要件を満たさなかった場合の手続　*162*

3 「特例承継計画」作成上のポイント　*163*

4 「特例承継計画に関する報告書（様式27）」作成上のポイント　*172*

5 特例措置の手続における留意点　*178*

【Q&A】

①　円滑化法の認定と相続税の納税猶予の特例の適用との関係　*14*

②　先代経営者（被相続人）のグループ内筆頭株主等　*18*

③　後継者の代表権に制限が加えられた場合　*20*

④ 会社が組織変更している場合における筆頭株主等グループ

帰属要件とグループ内筆頭株主等要件の充足の判定　*21*

⑤ 医療法人の出資　*22*

⑥ 代償分割があった場合における相続税の納税猶予税額の計算方法　*26*

⑦ 資産保有型会社の判定：一棟の建物　*29*

⑧ 担保の提供に関する Q&A　*33*

⑨ 申告期限後における特例非上場株式等の数又は金額の変更の可否　*38*

⑩ 経営承継期間内に認定承継会社の破産手続開始の決定　*42*

⑪ 経営承継期間経過後の免除申請の期間制限　*47*

⑫ 贈与税の納税猶予の特例と相続税の納税猶予の特例の適用関係（1）　*49*

⑬ 贈与税の納税猶予の特例と相続税の納税猶予の特例の適用関係（2）　*50*

⑭ 贈与税の納税猶予の特例と相続税の納税猶予の特例の適用関係（3）　*51*

⑮ 役員である期間の意義　*57*

⑯ 贈与税の納税猶予の特例の適用を受けなければならない株式等の数等　*59*

⑰ 贈与者の相続の開始に伴い遺留分減殺請求がなされた場合の

贈与税の納税猶予の特例関係　*71*

第1章

一般措置における
事業承継税制の仕組み

I

事業承継税制の概要

1　創設の背景

　少子高齢社会の到来等を背景に中小企業の経営者の高齢化が進展し、事業承継を理由とした廃業が毎年7万社に達し、それにより失われる雇用が年間20～35万人と推測されるようになり（平成18年版中小企業白書）、事業経営を次世代へ円滑に承継するための環境整備が重要な政策課題として認識されていた状況下で、平成21年度税制改正により、事業承継税制が創設された。

　事業承継税制とは、「非上場株式等に係る相続税の納税猶予制度」及び「非上場株式等に係る贈与税の納税猶予制度」をいい、後継者が円滑化法の認定を受けた会社の株式等を先代経営者から相続若しくは遺贈又は贈与により取得した場合において、相続税及び贈与税の納税が猶予される制度をいう。

　なお、本書では以下において、平成21年度税制改正により創設された措置を「一般

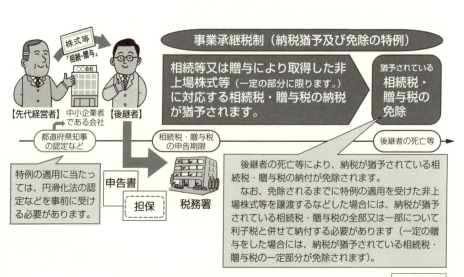

措置」とし、平成30年度税制改正により創設された特例を「特例措置」とする。

2 租税特別措置法の構成

事業承継税制である「相続税の納税猶予制度」（措法70の7の2）及び「贈与税の納税猶予制度」（措法70の7）、また「贈与税の納税猶予制度」から「相続税の納税猶予制度」へ移行するための措置（措法70の7の3、70の7の4）は、租税特別措置法において次のように規定されている。

租税特別措置法70条の7 （1項～37項）	非上場株式等についての贈与税の納税猶予及び免除
租税特別措置法70条の7の2 （1項～42項）	非上場株式等についての相続税の納税猶予及び免除
租税特別措置法70条の7の3 （1項～3項）	非上場株式等の贈与者が死亡した場合の相続税の課税の特例
租税特別措置法70条の7の4 （1項～22項）	非上場株式等の贈与者が死亡した場合の相続税の納税猶予及び免除

（1） 相続税の納税猶予制度

非上場株式等に係る相続税の納税猶予制度は、租税特別措置法70条の7の2に規定されている。

そのあらましは、下表右欄のように、後継者が相続又は遺贈により非上場株式等を取得した場合（先代経営者が生前に後継者へ非上場株式等の贈与を行わなかった場合に限る）において、相続税の納税を猶予及び免除するための制度である。

| 租税特別措置法70条の7の2
非上場株式等についての
相続税の納税猶予及び免除 | | 後継者が相続等により取得した非上場株式等に係る課税価格の80％相当額について納税が猶予され、後継者の死亡等により免除される。 |

（2） 贈与税の納税猶予制度等

非上場株式等に係る贈与税の納税猶予制度及び贈与税の納税猶予制度から相続税の納税猶予制度へ移行するための措置は、租税特別措置法70条の7、70条の7の3及び70条の7の4に規定されている。

そのあらましは、次の各表右欄のようになるが、非上場株式等に係る贈与税の納税猶予制度（措法70の7）は、贈与者の死亡時に相続税で調整することを前提に、贈与に係る非上場株式等に対する贈与税について実質的な課税を行わないものである。
　そのため、その贈与者が死亡した場合には、納税猶予した贈与税を免除するとともに、すべて相続税に置き換えて（贈与に係る非上場株式等を贈与者から相続によって取得したものとみなして（措法70の7の3））課税することとされている（措法70の7の4）。

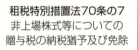

先代経営者から後継者への非上場株式等の全部又は一定数以上の贈与による贈与税全額の納税が猶予され、先代経営者の死亡により免除される。

先代経営者の死亡により後継者が贈与により取得した非上場株式等は、相続により取得（贈与時の価額）したものとみなされる。

後継者は非上場株式等に係る課税価格の80％相当額の相続税の納税が猶予され、後継者の死亡等により免除される。

(3) 贈与税の納税猶予制度から相続税の納税猶予制度への移行

　具体的には、次頁図のように「1代目経営者（先代経営者）」が「2代目経営者（後継者）」に非上場株式等の贈与を行い、「2代目経営者（後継者）」が贈与税の納税猶予制度を適用して、贈与税の納税が猶予された後に「1代目経営者（先代経営者）」が死亡した場合には、「2代目経営者（後継者）」は猶予されていた贈与税は免除されるとともに、相続税の納税猶予制度に移行することになる。
　相続税の納税猶予制度に移行した後、「2代目経営者（後継者）」が「3代目経営者（次の後継者）」に非上場株式等を贈与すると、「2代目経営者（後継者）」が猶予され

ていた相続税が免除されるとともに、「3代目経営者（次の後継者）」の贈与税の納税が猶予されることになり、贈与と相続を繰り返すことにより、贈与税と相続税の納税猶予及び免除が何代にもわたり継続できる仕組みになっている。

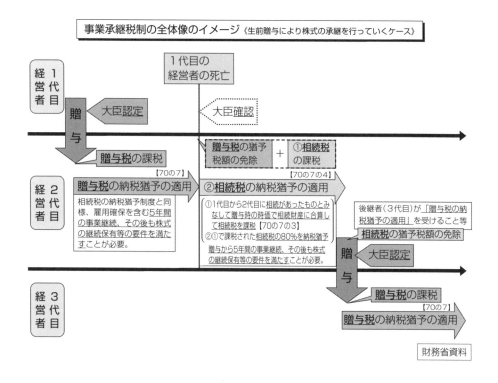

3　相続税及び贈与税の納税猶予制度の全体像

　相続税及び贈与税の納税猶予制度の全体像のあらましを示すと、次のようなイメージになる。

相続税の申告期限	

納税猶予期間中 非上場株式等 の継続保有	申告後も引き続き特例の適用を受けた非上場株式等を保有すること等により、納税の猶予が継続されます。 　ただし、特例の適用を受けた非上場株式等を譲渡するなど一定の場合には、納税が猶予されている相続税の全部又は一部について利子税と併せて納付する必要があります（「猶予継続贈与」に該当する場合には、一定部分の納税猶予税額が免除されます）。

◆　納税が猶予されている相続税を納付する必要がある主な場合
　（納税猶予期限の確定事由）

(1)　下表の「A」に該当した場合には、納税が猶予されている相続税の全額と利子税を併せて納付します。
　　この場合、特例の適用は終了します。

(2)　下表の「B」に該当した場合には、納税が猶予されている相続税のうち、譲渡等した部分に対応する相続税と利子税を併せて納付します。

(注)　譲渡等した部分に対応しない相続税については、引き続き納税が猶予されます。

納税猶予税額を納付する 必要がある主な場合	経営承継期間内	経営承継期間 の経過後
特例の適用を受けた非上場株式等についてその一部を譲渡等した場合（「猶予継続贈与」に該当する場合を除きます。）	A	B
後継者が会社の代表権を有しなくなった場合	A（※1）	C（※2）
一定の基準日における雇用の平均（※3）が、「相続時の雇用の8割」を下回った場合	A	C（※2）
会社が資産管理会社に該当した場合（一定の要件を満たす会社を除きます。）	A	A

　　※1　やむを得ない理由（このページの下段参照）がある場合を除きます。
　　　2　「C」に該当した場合には、引き続き納税が猶予されます。
　　　3　雇用の平均は、経営承継期間の末日に判定します。

「継続届出書」 の提出	引き続きこの特例の適用を受ける旨や会社の経営に関する事項等を記載した「継続届出書」を経営承継期間内は毎年、その期間の経過後は3年ごとに所轄の税務署へ提出する必要があります。

後継者の死亡等	後継者の死亡等があった場合には、「免除届出書」・「免除申請書」を提出することにより、その死亡等があったときに納税が猶予されている相続税の全部又は一部についてその納付が免除されます。
「免除届出書」・「免除申請書」の提出	◆　納税が猶予されている相続税の納付が免除される主な場合 ⑴　後継者が死亡した場合 ⑵　経営承継期間内において、やむを得ない理由（このページの下段参照）によりこの特例の適用を受けた非上場株式等に係る会社の代表権を有しなくなった日以後に「猶予継続贈与」を行った場合 ⑶　経営承継期間の経過後に「猶予継続贈与」を行った場合 ⑷　経営承継期間の経過後において、この特例の適用を受けた非上場株式等に係る会社について破産手続開始の決定又は特別清算開始の命令があった場合など一定の場合

「やむを得ない理由」とは、次に掲げる事由のいずれかに該当することになったことをいいます。
①　精神保健及び精神障害者福祉に関する法律の規定により精神障害者保健福祉手帳（障害等級が１級である者として記載されているものに限ります）の交付を受けたこと
②　身体障害者福祉法の規定により身体障害者手帳（身体上の障害の程度が１級又は２級である者として記載されているものに限ります）の交付を受けたこと
③　介護保険法の規定による要介護認定（要介護状態区分が要介護５に該当するものに限ります）を受けたこと
④　上記①から③までに掲げる事由に類すると認められること

国税庁資料

4　相続税及び贈与税の納税猶予制度の構成

　相続税及び贈与税の納税猶予制度における措置法は、基本的には次のように同様の構成になっているが、相続税と贈与税の性格が異なる部分について相違がある。

　相続税では、申告期限までに相続財産が未分割の状況があり得ることから、そのような場合には相続税の納税猶予制度の適用ができない旨の規定が存在するが（措法70の7の2⑦）、贈与税の納税猶予制度ではそのような状況はないことから未分割に関する規定が設けられていない。

第1章　一般措置における事業承継税制の仕組み　　7

租税特別措置法70条の7の2 〈非上場株式等についての 相続税の納税猶予及び免除〉	租税特別措置法70条の7 〈非上場株式等についての 贈与税の納税猶予及び免除〉
1項　相続税の納税猶予制度の仕組み	1項　贈与税の納税猶予制度の仕組み
2項　用語の意義（一号～九号）	2項　用語の意義（一号～九号）
3項　経営承継期間内における猶予税額の全部の期限確定（一号～十七号）	3項　経営贈与承継期間内における猶予税額の全部の期限確定（一号～十七号）
4項　経営承継期間内における猶予税額の一部の期限確定	4項　経営贈与承継期間内における猶予税額の一部の期限確定
5項　経営承継期間経過後における猶予中相続税額の期限の確定（一号～六号）	5項　経営贈与承継期間経過後における猶予中贈与税額の期限の確定（一号～六号）
6項　担保の提供	6項　担保の提供
7項　未分割の場合の不適用	―
8項　納税猶予を適用しない場合の定め（後継者は1人）	7項　納税猶予を適用しない場合の定め（後継者は1人）
9項　相続税の申告書への記載要件等	8項　贈与税の申告書への記載要件等
10項　猶予中相続税額に係る届出書の提出	9項　猶予中贈与税額に係る届出書の提出
11項　時効の中断及び停止	10項　時効の中断及び停止
12項　届出書が未提出の場合	11項　届出書が未提出の場合
13項　納税猶予の取消し	12項　納税猶予の取消し
14項　納税猶予された場合における国税通則法・国税徴収法・相続税法の規定の適用	13項　納税猶予された場合における国税通則法・国税徴収法・相続税法の規定の適用
15項　同族会社等の行為又は計算の否認等の規定の準用	14項　同族会社等の行為又は計算の否認等の規定の準用
16項　経営承継相続人等の死亡による猶予中相続税額の免除	15項　贈与者等の死亡による猶予中贈与税額の免除
17項　経営承継期間経過後の猶予中相続税額の免除事由及び申請（一号～四号）	16項　経営贈与承継期間経過後の猶予中贈与税額の免除事由及び申請（一号～四号）
18項　税務署長による猶予中相続税額の免除等の通知	17項　税務署長による猶予中贈与税額の免除等の通知
19項　税務署長による免除申請相続税額の徴収の猶予	18項　税務署長による免除申請贈与税額の徴収の猶予
20項　税務署長による延滞税の免除	19項　税務署長による延滞税の免除
21項　17項・18項の政令委任	20項　16項・17項の政令委任
22項　猶予中相続税額の再計算の特例	21項　猶予中贈与税額の再計算の特例
23項　再計算猶予中相続税額の意義	22項　再計算猶予中贈与税額の意義
24項　猶予中相続税額の再計算に係る申請書の提出	23項　猶予中贈与税額の再計算に係る申請書の提出
25項　税務署長が行う再計算免除相続税額の免除又は却下	24項　税務署長が行う再計算免除贈与税額の免除又は却下

26 項　猶予中相続税額の再計算に係る政令委任	25 項　猶予中贈与税額の再計算に係る政令委任
27 項　宥恕規定	26 項　宥恕規定
28 項　経営承継相続人等の相続税及び利子税の納付（一号～九号）	27 項　経営承継受贈者の贈与税及び利子税の納付（一号～九号）
29 項　経営承継相続人等に係る利子税の特例	28 項　経営承継受贈者に係る利子税の特例
30 項　納税猶予が適用されない経営承継会社	29 項　納税猶予が適用されない経営贈与承継会社
31 項　被災した認定承継会社に係る要件の緩和	30 項　被災した認定贈与承継会社に係る要件の緩和
32 項　前項に係る届出書の提出	31 項　前項に係る届出書の提出
33 項　被災した場合における猶予事由に係る免除の特例	32 項　被災した場合における猶予事由に係る免除の特例
34 項　前項の適用における 17 項の読み替え	33 項　前項の適用における 16 項の読み替え
35 項　被災した場合における資産管理会社非該当に係る適用要件の特例	―
36 項　前項の適用における 9 項の読み替え	―
37 項　被災した場合における経営承継相続人等の要件の緩和	―
38 項　前項の適用における 9 項の読み替え	―
39 項　被災した場合における政令委任	34 項　被災した場合における政令委任
40 項　経済産業大臣等の国税庁長官等への通知	35 項　経済産業大臣等の国税庁長官等への通知
41 項　税務署長の経済産業大臣等への通知	36 項　税務署長の経済産業大臣等への通知
42 項　1 項の政令委任	37 項　1 項の政令委任

5　一般措置の適用を受けるための手続

　前記 4 と同様に、相続税と贈与税の固有の性格の相違があるが、相続税及び贈与税の納税猶予の適用を受けるための手続は、次のように基本的には同様である。

(1) 相続税の納税猶予制度の適用を受けるための手続

相続税の納税猶予の適用を受けるための基本的な手続（経産大臣・税務署長への報告）

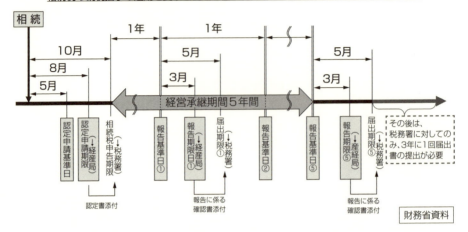

(2) 贈与税の納税猶予制度の適用を受けるための手続

贈与税の納税猶予の適用を受けるための基本的な手続（経産大臣・税務署長への報告）

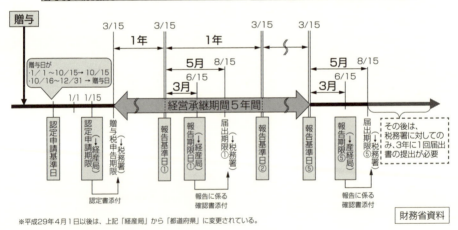

※平成29年4月1日以後は、上記「経産局」から「都道府県」に変更されている。

6　一般措置における用語の比較

　贈与税の納税猶予制度に関連する規定（措法70の7、70の7の4）の用語と、相続税の納税猶予制度の規定（措法70の7の2）の用語では、以下のように一致する用語と相違する用語があることに留意しなければならない。

号	租税特別措置法70条の7第2項	租税特別措置法70条の7の2第2項	租税特別措置法70条の7の4第2項	号
一	認定贈与承継会社	認定承継会社	認定相続承継会社	一
二	非上場株式等	非上場株式等	非上場株式等	二
三	経営承継受贈者	経営承継相続人等	経営相続承継受贈者	三
四	円滑化法認定	円滑化法認定	—	
五	納税猶予分の贈与税額	納税猶予分の相続税額	納税猶予分の相続税額	四
六	経営贈与承継期間	経営承継期間	経営相続承継期間	五
七	経営贈与報告基準日 (第1種贈与基準日 第2種贈与基準日)	経営報告基準日 (第1種基準日 第2種基準日)	経営相続報告基準日 (第1種相続基準日 第2種相続基準日)	六
八	資産保有型会社	資産保有型会社	—	
九	資産運用型会社	資産運用型会社	—	
その他の用語	特例受贈非上場株式等 (同条1項) 猶予中贈与税額 (同条2項七号ロ)	特例非上場株式等 (同条1項) 猶予中相続税額 (同条2項七号ロ)	特例相続非上場株式等 (同条1項)	その他の用語

　上表のうち、1号について用語の意義を記載すると「中小企業における経営の承継の円滑化に関する法律第2条に規定する中小企業者のうち円滑化法認定を受けた会社で、本制度の適用を受ける時において、一定の要件の全てを満たすものをいう」とされているが、その内容は各措置法で同様のものとなっており、他の用語も基本的には同様である（下表参照）。

認定贈与承継会社 （措法70の7②一）	認定承継会社 （措法70の7の2②一）	認定相続承継会社 （措法70の7の4②一）
中小企業における経営の承継の円滑化に関する法律第2条に規定する中小企業者のうち円滑化法認定を受けた会社で、本制度の適用に係る贈与の時において、一定の要件の全てを満たすものをいう。	中小企業における経営の承継の円滑化に関する法律第2条に規定する中小企業者のうち円滑化法認定を受けた会社で、本制度の適用に係る相続の開始の時において、一定の要件の全てを満たすものをいう。	第70条の7第2項第1号に定める会社（左欄の会社）で、本制度の適用に係る相続の開始の時において、一定の要件の全てを満たすものをいう。

　なお、上記の「円滑化法第2条に規定する中小企業者」とは17頁に掲げる会社（【法の対象となる中小企業者の範囲】）をいい、「円滑化法認定」を受けることができる会社とは、中小企業者における代表者の死亡等に起因する経営の承継に伴い、死亡したその代表者（代表者であった者を含む）又は退任したその代表者の資産のうち、その

中小企業者の事業の実施に不可欠なものを取得するために多額の費用を要することその他経済産業省令で定める事由が生じているため、その中小企業者の事業活動の継続に支障が生じていると認められる会社をいう（円滑化法12①一）。

Ⅱ

相続税の納税猶予制度の仕組み

1 制度の概要

　後継者である相続人等（以下「経営承継相続人等」という）が、円滑化法の認定を受ける会社（以下「認定承継会社」という）の代表権を有していた一定の個人（以下「被相続人」という）から相続又は遺贈により認定承継会社の非上場株式等（措法70の7の3第1項の規定により被相続人から取得したものとみなされる同項の非上場株式等に係る認定承継会社の株式等を除く）の取得をした場合には、その非上場株式等（相続の開始の時における認定承継会社の発行済株式又は出資（議決権に制限のない株式等に限る）の総数又は総額の3分の2に達するまでの部分として政令で定めるものに限り、以下「特例非上場株式等」という）のうち非上場株式等に係る納税猶予分の相続税額に相当する相続税については、相続税の申告書を提出期限までに提出するとともに、一定の担保を提供した場合に限り本特例（以下Ⅱにおいて、「本特例」という）が適用され、その経営承継相続人等の死亡の日まで、その納税が猶予される（措法70の7の2①）。

　ただし、その相続に係る相続税の申告期限までに、共同相続人又は包括受遺者によってまだ分割されていない非上場株式等は、本特例の適用を受けることができない（措法70の7の2⑦）。

　なお、「円滑化法の認定」（11頁参照）とは、中小企業における経営の承継の円滑化に関する法律（以下「円滑化法」という）12条1項の認定（円滑化法施行規則6条1項8号又は9号の事由に限る）をいい、この認定は、平成29年4月1日から都道府県知事が行っている（措法70の7の2②四）。

第1章　一般措置における事業承継税制の仕組み　　*13*

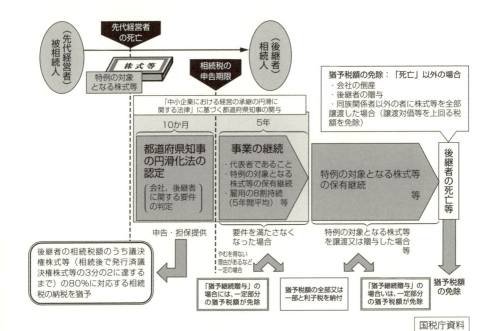

Q&A① 円滑化法の認定と相続税の納税猶予の特例の適用との関係

Q 子A（後継者）は、甲株式会社の創業者である父の死亡により、甲株式会社の株式等を相続により取得し、相続税の申告において「相続税の納税猶予の特例（措法70の7の2①）」の適用を受けることとし、甲株式会社は、中小企業の経営の承継の円滑化に関する法律施行規則（「円滑化法規則」という）7条2項の規定に基づき「円滑化法の認定の申請」を行い、同条4項の規定に基づく認定を受けた。

これにより、子Aは、当然に「相続税の納税猶予の特例（措法70の7の2①）」の適用を受けることができるのか。

A 円滑化法の認定だけをもって、直ちに相続税の納税猶予の特例の適用を受けることができるとは判断できない。

【解説】

(1) 措置法の固有要件を充足する必要あり

　円滑化法の認定に係る要件は、相続税の納税猶予の特例の適用要件と同様であるが、相続税の納税猶予の特例の適用の可否に当たっては、措置法に定められた相続税の納税猶予の特例の固有の要件として、租税特別措置法70条の7の2第30項に定める要件（以下「現物出資等資産要件」という）があることから、その現物出資等資産要件（総資産に対する現物出資等資産の割合が70％未満）を満たさない限り、相続税の納税猶予の特例の適用を受けることはできない。

(2) 偽りその他不正の手段による認定は判明時に取消し

　円滑化法の認定に係る要件を満たさないにもかかわらず、偽りその他不正の手段によりその認定を受けた場合には、たとえ上記の現物出資等資産要件を満たしていたとしても、相続税の納税猶予の特例の適用を受けることはできない。

(注)　都道府県知事は、偽りその他不正の手段により認定を受けたことが判明したときは、その認定を取り消すことができるとされている（円滑化法規則9①三）。

※　上記は「非上場株式等についての相続税・贈与税の納税猶予等に関する質疑応答事例について（情報）」（資産課税課情報・第5号・平成22年2月16日）（以下「情報」という）問2を参考にして記述している。

2　適用を受けるための要件

　本特例の適用を受けるためには、次の (1) から (4) までの要件を満たすとともに、円滑化法の規定に基づき、会社が円滑化法の認定を受ける必要があり、円滑化法の認定を受けるためには、原則として、相続開始後8か月以内にその申請を行う必要がある。

(1) 認定承継会社の要件

　認定承継会社とは、円滑化法の認定を受けた会社で、相続の開始の時に次に掲げる要件のすべてを満たすものをいう（措法70の7の2②一、措令40の8の2⑦～⑩、措規23の10⑤・⑥）。

① 常時使用従業員の数

　その会社の常時使用従業員の数が1人以上であること（一定の外国会社株式等を保

第1章　一般措置における事業承継税制の仕組み　*15*

有している場合には5人以上）（措法70の7の2②一イ、措規23の10⑤）。

② 資産管理会社に非該当

その会社が、原則として資産保有型会社又は資産運用型会社に該当しないこと（措法70の7の2②一ロ、措令40の8の2⑦、措規23の10⑥）。

③ 非上場会社に該当

その会社の株式等及び特別関係会社 (注) のうちその会社と密接な関係がある一定の会社（以下「特定特別関係会社」という）の株式等が、非上場株式等に該当すること（措法70の7の2②一ハ、措令40の8の2⑧）。

(注) 「特別関係会社」とは、その会社と租税特別措置法40条の8の2第8項で定める特別の関係のある会社をいう。

④ 風俗営業会社に非該当

その会社及びその会社の特定特別関係会社が風俗営業会社に該当しないこと（措法70の7の2②一ニ）。

⑤ 総収入金額が零を超過

円滑化法の認定を受けた会社の相続の開始の日の属する事業年度の直前の事業年度（相続の開始の日が事業年度の末日である場合には、その事業年度及びその直前の事業年度）の総収入金額（営業外利益及び特別利益以外のものに限る）が、零ではないこと（措法70の7の2②一ヘ、措令40の8の2⑩一）。

⑥ 黄金株の非所有

円滑化法の認定を受けた会社が発行する黄金株を、その会社に係る経営承継相続人等以外の者が有していないこと（措法70の7の2②一ヘ、措令40の8の2⑩二）。

⑦ 特定特別関係会社は中小企業者に該当

円滑化法の認定を受けた会社の特定特別関係会社が、中小企業者に該当すること（措法70の7の2②一ヘ、措令40の8の2⑩三）。

(注) 中小企業者の範囲

本制度の対象となる中小企業者の範囲は、中小企業基本法上の中小企業者を基本とし、既存の中小企業支援法と同様に業種の実態を踏まえ政令によりその範囲が拡大され、その営む業種により、次のような会社とされている（円滑化法2他）。

16　Ⅱ　相続税の納税猶予制度の仕組み

【法の対象となる中小企業者の範囲】 又は

業　種　目	資　本　金	従　業　員　数
製造業その他	3 億円以下	300 人以下
製造業のうちゴム製品製造業（自動車又は航空機用タイヤ及びチューブ製造業並びに工業用ベルト製造業を除く）	3 億円以下	900 人以下
卸売業	1 億円以下	100 人以下
小売業	5,000 万円以下	50 人以下
サービス業	5,000 万円以下	100 人以下
サービス業のうちソフトウェア業又は情報処理サービス業	3 億円以下	300 人以下
サービス業のうち旅館業	5,000 万円以下	200 人以下

⑧　現物出資等資産の割合が 70 ％未満

　相続の開始前3年以内に一定の者から受けた現物出資等資産の割合が総資産の70％未満であること（措法70の7の2㉚）。

（2）　先代経営者である被相続人の要件

　被相続人とは、相続の開始前に認定承継会社の代表権を有していた個人で、相続の開始の直前（個人が相続の開始の直前において認定承継会社の代表権を有しない場合には、その個人がその代表権を有していた期間内のいずれかの時及びその相続の開始の直前をいう）において、次に掲げる要件のすべてを満たすものをいう（措法70の7の2①、措令40の8の2①）。

①　筆頭株主等グループに帰属

　「B/A＞50％」の算式を満たすこと。なお、「A」及び「B」は、次による（措令40の8の2①一）。

　A：認定承継会社に係る総株主等議決権数

　B：被相続人及び被相続人の同族関係者等の有する認定承継会社の非上場株式等の議決権の数の合計

②　グループ内の筆頭株主等

　被相続人が有する認定承継会社の非上場株式等に係る議決権の数が被相続人の同族関係者等（経営承継相続人等となる者を除く）のうちいずれの者が有する議決権の数をも下回らないこと（措令40の8の2①二）。

　具体的には、相続開始直前に、被相続人の議決権は30％で第2順位の株主であって

も、第1順位の株主が後継者である場合には、被相続人はグループ内筆頭株主とみなされ要件を満たすことになる。

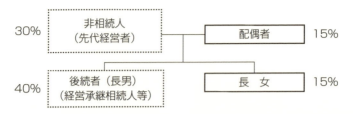

Q&A②　先代経営者（被相続人）のグループ内筆頭株主等

Q 株式の相続の開始の直前における会社の株主構成が次に掲げる場合において、被相続人である父は、それぞれ「グループ内筆頭株主等要件」（措令40の8の2①二）を満たしているか。

(1) 甲株式会社の株主構成

株主	保有株数（順位）
父（被相続人）	400株（1位）
子（後継者）	150株（3位）
父の弟	300株（2位）
父の知人	50株（4位）
合計	900株

(2) 乙株式会社の株主構成

株主	保有株数（順位）
父（被相続人）	300株（2位）
子（後継者）	400株（1位）
父の弟	150株（3位）
父の知人	50株（4位）
合計	900株

(3) 丙株式会社の株主構成

株主	保有株数（順位）
父（被相続人）	150株（3位）
子（後継者）	250株（2位）
父の弟	100株（4位）
父の知人	400株（1位）
合計	900株

（注1）　いずれの会社においても「父の知人」は、父又は子と特別の関係がある者（措令40の8の2⑪）に該当しない。また、上記の株式はすべて完全議決権株式等とする。
（注2）　贈与者である父は、いずれの会社についても贈与の直前において会社の代表権を有していたものとする。

$\boxed{\text{A}}$ **(1)** から **(3)** のいずれについても、「グループ内筆頭株主等要件」を満たしている。

【解説】

(1) $\boxed{\text{Q}}$ **(1)** について

　父（被相続人）は、父（被相続人）とその父（被相続人）と租税特別措置法施行令40条の8の2第11項に規定する特別の関係がある者（以下「特別の関係がある者」という）の中で筆頭株主であることから同族内筆頭株主等要件を満たしている。

(2) $\boxed{\text{Q}}$ **(2)** について

　父（被相続人）は、父（被相続人）とその父（被相続人）と特別の関係がある者の中で後継者である子に次ぐ株主であるが、租税特別措置法施行令40条の8の2第1項2号のかっこ書において「当該認定承継会社の同号に規定する経営承継相続人等となる者を除く。」としていることから、同族内筆頭株主等要件を満たしている。

(3) $\boxed{\text{Q}}$ **(3)** について

　丙社内全体の中での筆頭株主は父の知人であるが、父（被相続人）とその父（被相続人）と特別の関係がある者の中で、父は経営承継相続人等となる子に次ぐ株主であることから、同族内筆頭株主等要件を満たしている。

※　上記は「情報」の問14を参考にして記述している。

(3)　後継者である経営承継相続人等の要件

　経営承継相続人等とは、被相続人から相続又は遺贈により認定承継会社の特例非上場株式等の取得をした個人で、次に掲げる要件のすべてを満たす者をいう（措法70の7の2②三、措令40の8の2⑩）。

①　代表権の取得時期

　相続開始の日の翌日から5か月を経過する日において会社の代表権（制限が加えられた代表権を除く）を有していること（措法70の7の2②三イ）。

②　筆頭株主等グループに帰属

　相続の開始の時において、「B/A＞50％」の算式を満たすこと。なお、「A」及び「B」は、前記 **(2)** ①と同様である（措法70の7の2②三ロ）。

③　グループ内の筆頭株主等

　相続の開始の時において、経営承継相続人等が有する認定承継会社の特例非上場株

式等に係る議決権の数が、被相続人の同族関係者等のうちいずれの者が有する議決権の数をも下回らないこと（措法 70 の 7 の 2 ②三ハ）。

④ 株式等継続保有

相続税の申告期限まで特例の適用を受ける特例非上場株式等の全てを保有していること（措法 70 の 7 の 2 ②三ニ）。

⑤ 経営を確実に承継

個人が、認定承継会社の経営を確実に承継すると認められる要件として、相続開始の直前において、その会社の役員であったことが必要となるが、その相続に係る被相続人が 60 歳未満で死亡した場合は、この限りでない（措法 70 の 7 の 2 ②三ホ、措規 23 の 10 ⑧）。

Q&A③ 後継者の代表権に制限が加えられた場合

Q 経営承継期間内に、相続税の納税猶予の特例の適用を受ける経営承継相続人等が有している特例非上場株式等に係る認定承継会社の代表権に制限が加えられた場合において、納税猶予の特例の適用関係はどうなるのか。

- -

A 経営承継期間内に会社の代表権に制限が加えられた場合には、租税特別措置法 70 条の 7 の 2 第 3 項 1 号に規定する「経営承継相続人等がその有する当該特例非上場株式等に係る認定承継会社の代表権を有しないこととなった場合」に該当するため、代表権に制限が加えられた日から 2 月を経過する日をもって猶予中相続税額の全部について納税の猶予に係る期限が到来する（猶予の取消しになる）。

- -

【解説】

(1) 後継者が代表権を有しないこととなった場合における期限の確定

租税特別措置法 70 条の 7 の 2 第 3 項 1 号においては、経営承継期間内（措法 70 の 7 の 2 ②六）に経営承継相続人等がその有する特例非上場株式等に係る認定承継会社の「代表権を有しないこととなった場合」には、その有しないこととなった日から 2 月を経過する日に納税の猶予に係る期限が到来することとされている。

(2) 代表権の制限等は後継者が代表権を有しないこととなった場合に該当

ここにいう「代表権」とは、租税特別措置法 70 条の 7 第 1 項において「制限が加

えられた代表権を除く」と定義されていることから、「代表権を有しないこととなった場合」とは、①経営承継相続人等が有していた制限のない代表権を有しないこととなった場合及び②経営承継相続人等が有していた制限のない代表権に制限が加えられた場合を指す。

※　上記は「情報」の問25を参考にして記述している。

Q&A④　会社が組織変更している場合における筆頭株主等グループ帰属要件とグループ内筆頭株主等要件の充足の判定

Q 子Aは、父の死亡により、甲株式会社の株式を相続により取得をしたが、甲株式会社は、2年前に組織変更により、持分会社から株式会社に組織変更している。

死亡した父が会社の代表権を有していた時期は、組織変更前の会社の時だけであり、株式会社になってからは代表権を有したことがない。

この場合、「筆頭株主等グループ帰属要件（措令40の8の2①一）」及び「グループ内筆頭株主等要件（措令40の8の2①二）」を満たさないことになるのか。

A 被相続人である父が代表権を有していた時が、組織変更前の会社の時であったとしても、会社は組織変更の前後を通じて同一人格を有するものと解されている（最判昭46.6.29）ことから、相続の開始の直前及び組織変更前の会社の代表権を有していた時において、「筆頭株主等グループ帰属要件（措令40の8の2①一）」及び「グループ内筆頭株主等要件（措令40の8の2①二）」を満たす場合には、租税特別措置法施行令の要件を満たすこととなる。

【解説】
（1）　会社自身は組織変更の前後を通じて同一人格を有する

会社が組織を変更するに当たっては、登記の技術上の問題から、登記簿上、旧会社の解散及び新会社の設立の各登記を経ることとなるが、会社自身は、組織変更の前後を通じて同一人格を有するものと解されている（最判昭46.6.29）。

（2）　組織変更があっても会社の人格は同一

組織変更があった場合、会社法920条の規定により、会社は組織変更前の会社について解散の登記をし、組織変更後の会社については設立の登記をしなければならないとされているが、その組織変更により会社の人格が変わるものではない。

第1章　一般措置における事業承継税制の仕組み　21

※　上記は「情報」の問15を参考にして記述している。

(4) 非上場株式等の要件

非上場株式等とは、次に掲げる株式等をいう（措法70の7の2②二）。

① 株式会社の場合

株式に係る会社の株式のすべてが金融商品取引所に上場されていないことその他財務省令で定める要件（金融商品取引所への上場の申請がされていないこと等）を満たす株式。

② 合名会社等の場合

合名会社・合資会社又は合同会社の出資のうち財務省令で定める要件（上記①と同様）を満たすもの。

Q&A⑤　医療法人の出資

Q 医療法人の出資について、相続税の納税猶予の特例の適用を受けることはできるか。

A 医療法人の出資について、相続税の納税猶予の特例（措法70の7の2①）の適用を受けることはできない。

なお、このことは、贈与税の納税猶予の特例（措法70の7①）及び贈与者が死亡した場合の相続税の納税猶予の特例（措法70の7の4①）の適用関係においても同様である。

【解説】

(1) 医療法人は会社に非該当

医療法人は、医療法により認可、設立された法人であり、「会社」ではない。

(2) 円滑化法に規定する中小企業者にも非該当

医療法人は、贈与税の納税猶予の特例（措法70の7①）、相続税の納税猶予の特例（措法70の7の2①）及び贈与者が死亡した場合の相続税の納税猶予の特例（措法70の7の4①）の対象とされる中小企業における経営の承継の円滑化に関する法律1条2項に規定する「中小企業者」にも該当しないことから、これら特例の適用

の前提となる円滑化法規則7条2項又は3項の規定に基づく都道府県知事の認定を受けることはできない。

（3）　医療法人の出資に納税猶予の特例の適用なし

　前記（1）及び（2）から、医療法人の出資は、贈与税の納税猶予の特例（措法70の7①）、相続税の納税猶予の特例（措法70の7の2①）及び贈与者が死亡した場合の相続税の納税猶予の特例（措法70の7の4①）の適用を受けることはできない。

※　上記は「情報」の問18を参考にして記述している。

3　対象となる非上場株式等の数

　相続又は遺贈により取得した非上場株式等のうち相続税の申告書に、本特例の適用を受けようとする旨の記載があるもので、相続開始の時におけるその認定承継会社の発行済株式又は出資（議決権に制限のない株式等に限る）の総数又は総額の3分の2（相続開始の直前において相続に係る経営承継相続人等が有していた認定承継会社の非上場株式等があるときは、総数又は総額の3分の2から経営承継相続人等が有していた認定承継会社の非上場株式等の数又は金額を控除した残数又は残額）に達するまでの部分をいう（措法70の7の2①、措令40の8の2④）。

　具体的には、対象となる特例非上場株式等の数は、次の「A」・「B」・「C」の数を基に(1)又は(2)の区分の場合に応じた数が限度になる。

　「A」・・・経営承継相続人等が相続等により取得した非上場株式等の数

　「B」・・・経営承継相続人等が相続開始前から保有する非上場株式等の数

　「C」・・・相続開始時の発行済株式等の総数

　(1)　$A+B<C\times2/3$ の場合　⇒　A

　(2)　$A+B\geqq C\times2/3$ の場合　⇒　$C\times2/3-B$

4　納税猶予分の相続税額の計算

　納税猶予分の相続税額は、次の①に掲げる金額から②に掲げる金額を控除して計算する（措法70の7の2②五、措令40の8の2⑫～⑯）。

第1章　一般措置における事業承継税制の仕組み　23

① 経営承継相続人等が特例非上場株式等のみを相続した場合の相続税額	② 経営承継相続人等が特例非上場株式等の20％のみを相続した場合の相続税額
一般措置の適用に係る特例非上場株式等の価額を経営承継相続人等に係る相続税の課税価格とみなして、遺産に係る基礎控除（相法15）から相続開始前3年以内に贈与があった場合の相続税額（相法19）までの規定を適用して計算した経営承継相続人等の相続税の額	一般措置の適用に係る特例非上場株式等の価額に20％を乗じて計算した金額を経営承継相続人等に係る相続税の課税価格とみなして、遺産に係る基礎控除（相法15）から相続開始前3年以内に贈与があった場合の相続税額（相法19）までの規定を適用して計算した経営承継相続人等の相続税の額

つまり、納税猶予分の相続税額は次の **(1)**、**(2)** 及び **(3)** の3段階による計算により算出する。

(1) 第1回目の相続税の計算

相続税の納税猶予の適用がないものとして、通常の相続税額の計算を行い、経営承継相続人等の相続税額を算出する。

(2) 第2回目の相続税の計算

次に、経営承継相続人等以外の者の取得財産は不変とした上で、経営承継相続人等が、通常の課税価格による特例非上場株式等のみを相続したものとして計算した場合のその経営承継相続人等の相続税額を算出する。

(3) 第3回目の相続税の計算

更に、経営承継相続人等以外の者の取得財産は不変とした上で、経営承継相続人等が、上記 **(2)** の課税価格を20％に減額したその特例非上場株式等のみを相続するものとして計算した場合のその経営承継相続人等の相続税額を算出し、上記 **(2)** と **(3)** との差額を、その経営承継相続人等の猶予税額とする。

具体的には、次の ステップ1 から ステップ4 により経営承継相続人等の猶予税額を算出する。

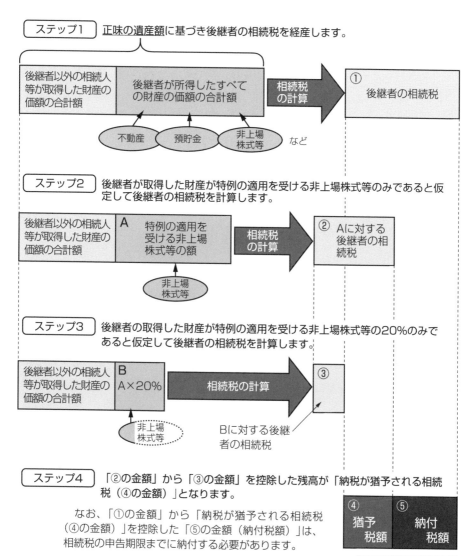

　納税猶予分の相続税額の計算は、創設時には ステップ2 「A」の算定にあたり、後継者が負担した債務や葬式費用の金額がある場合には、非上場株式から優先的に控除されていたが（旧措令40の8の2⑫前段）、平成25年度改正により、非上場株式以外の部分から優先的に控除さる見直しが行われているため、改正後の計算は、「Ⅴ平成25年度改正項目」を参照されたい（84頁）。

第1章　一般措置における事業承継税制の仕組み　25

Q&A⑥　代償分割があった場合における相続税の納税猶予税額の計算方法

Q 子Aは、被相続人の全財産である土地（評価額：2,000万円）と甲株式会社の全株式（議決権に制限はない）9,000株（評価額：1億2,000万円）を相続し、甲株式会社の株式6,000株について相続税の納税猶予の特例の適用を受けることとしている。

子Aは、もう一人の相続人である子Bに対し代償財産として7,000万円を現金で支払っているが、この場合の相続税の課税価格の計算において、代償財産として支払った7,000万円は納税猶予の特例の適用を受ける財産の価額から優先的に控除し計算するのか、あるいは、納税猶予の特例の適用を受けない財産の価額から優先的に控除し計算するのか。

- -

A 代償財産の価額を代償財産の交付をした者が相続又は遺贈により取得したそれぞれの相続財産の価額の割合により按分し、それぞれの相続財産の価額から按分後の代償財産の価額を控除する方法によることが合理的な計算方法と考えられるが、法令上特段の控除方法は定められていないので、代償財産の価額を相続税の納税猶予の特例の適用を受けない財産の価額から優先的に控除し計算して差し支えない。

- -

【解説】

(1) 代償分割とは

「代償分割」とは、共同相続人又は包括受遺者のうち1人又は数人が相続又は包括遺贈により取得した財産の現物を取得し、その現物を取得した者が他の共同相続人又は包括受遺者に対して債務を負担する分割の方法をいうのであるが、代償分割の方法により遺産分割が行われ、代償財産の交付をしている場合の代償財産の交付をした者に係る相続税の課税価格の計算については、相続税法基本通達11の2-9《代償分割が行われた場合の課税価格の計算》により、「相続又は遺贈により取得した現物の財産の価額から交付をした代償財産の価額を控除した金額」としている。

(2) 具体的な計算方法

Q について、子Aは、被相続人の全財産である土地（評価額：2,000万円）と甲株式会社の株式9,000株（評価額：1億2,000万円）を相続し、もう一人の相続人である子Bに対し7,000万円を代償財産として現金で支払っている。

26　Ⅱ　相続税の納税猶予制度の仕組み

このとき、相続税の納税猶予の特例の適用を受けない財産の価額から代償財産の価額を優先的に控除し計算することとした場合、子Aに係る相続税の課税価格の計算に当たっては、相続により取得をした土地の価額（2,000万円）及び相続税の納税猶予の特例の適用を受けない株式の価額（4,000万円 (注)）から、代償財産として交付をした現金の額7,000万円を優先して控除し計算することとなるが、なお控除しきれない1,000万円については、相続税の納税猶予の特例の適用を受けることを選択した特例非上場株式等の価額（8,000万円）から控除することとなる。

したがって、$\boxed{Q}$ の場合、結果的に、特例非上場株式等の価額は7,000万円（相続税法13条の規定により控除すべき債務がある場合には、その者の負担に属する部分の金額を控除した残額となる）となる。

(注)　$1億2,000万円 \times \dfrac{9,000株 \times (1-2/3)}{9,000株} = 4,000万円$

※　上記は「情報」の問48を参考にして記述している。

5　用語の定義

(1)　経営承継期間

経営承継期間とは、本特例の適用に係る相続税の申告書の提出期限の翌日から同日以後5年を経過する日又は相続に係る経営承継相続人等の死亡の日の前日のいずれか早い日までの期間をいう（措法70の7の2②六）。

(2)　経営報告基準日

経営報告基準日とは、次の①又は②に掲げる期間の区分に応じ、①又は②に定める日をいう（措法70の7の2②七）。

期　間　の　区　分	定　め　る　日
①　**第1種基準日** 　　経営承継期間	本特例の適用に係る相続に係る相続税の申告書の提出期限の翌日から1年を経過するごとの日
②　**第2種基準日** 　　経営承継期間の末日の翌日から納税猶予分の相続税額（以下「猶予中相続税額」という）に相当する相続税の全部につき納税の猶予に係る期限が確定する日までの期間	末日の翌日から3年を経過するごとの日

(注)　第1種基準日と第2種基準日の関係は、次頁のようになる。

第1章　一般措置における事業承継税制の仕組み　27

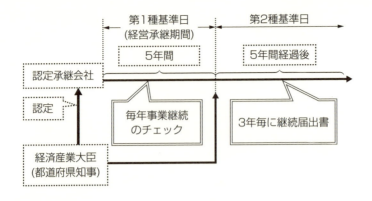

(3) 資産保有型会社

　資産保有型会社とは、認定承継会社の資産状況を確認する期間として政令で定める次の期間内のいずれかの日において、次の①及び③に掲げる金額の合計額に対する②及び③に掲げる金額の合計額の割合が70％以上となる会社をいう（措法70の7の2②八）。

政令で定める期間（措令40の8の2㉕）
相続の開始の日の属する事業年度の直前の事業年度の開始の日から経営承継相続人等の猶予中相続税額の全部につき納税の猶予に係る期限が確定するまでの期間とする。

$$資産保有型会社 = \frac{特定資産の帳簿価額（②）＋配当等（③）}{総資産の帳簿価額（①）＋配当等（③）} \times 100\% \geq 75\%$$

① 総資産の帳簿価額

　総資産の帳簿価額とは、その日におけるその会社の総資産の貸借対照表に計上されている帳簿価額の総額をいう（措法70の7の2②八イ）。

② 特定資産の帳簿価額

　特定資産の帳簿価額とは、その日におけるその会社の特定資産（現金、預貯金その他の資産であって財務省令で定めるものをいう。次の **(4)** において同じ）の貸借対照表に計上されている帳簿価額の合計額をいう（措法70の7の2②八ロ）。

イ 財務省令で定めるもの

　財務省令で定めるものとは、円滑化省令1条12項2号に掲げる次のロ並びに貸付金及び未収金（経営承継相続人等及び経営承継相続人等と特別の関係がある者に対するものに限る）とする（措規23の10⑫）。

ロ　円滑化省令で掲げるもの

　上記**イ**の円滑化省令で掲げるものとは、次の(イ)から(ホ)に掲げるものをいう（円滑化法省令1⑫二）。

　(イ)　有価証券であって、その会社の特別子会社の株式等以外のもの

　(ロ)　会社が現に自ら使用していない不動産

　(ハ)　ゴルフ場その他の施設の利用に関する権利（その会社の事業の用に供することを目的として有するものを除く）

　(ニ)　絵画・彫刻・工芸品その他の有形の文化的所産である動産・貴金属及び宝石（その会社の事業の用に供することを目的として有するものを除く）

　(ホ)　現金・預金その他これらに類する資産（貸付金・未収金その他これらに類する資産を含む）

③　配当等

　その日以前5年以内において、経営承継相続人等及び経営承継相続人等と政令で定める特別の関係がある者がその会社から受けた剰余金の配当等（会社の株式等に係る剰余金の配当又は利益の配当をいう）の額その他その会社から受けた金額の合計額をいう（措法70の7の2②ハハ）。

　なお、上記の政令で定める剰余金の配当等の額その他会社から受けた金額とは、次に掲げる金額の合計額とする（措令40の8の2㉖）。

イ　配当等の額

　その会社から受けた株式等に係る剰余金の配当又は利益の配当（相続の開始前に受けたものを除く）の額

ロ　過大給与の額

　上記**イ**のその会社から支給された給与（債務の免除による利益その他の経済的な利益を含み、相続の開始前に支給されたものを除く）の額のうち、法人税法34条（役員給与の損金不算入）又は36条（過大な使用人給与の損金不算入）の規定により、その会社の各事業年度の所得金額の計算上損金の額に算入されないこととなる金額

Q&A⑦　資産保有型会社の判定：一棟の建物

Q 会社が所有する建物で、自己使用の部分とそれ以外の部分がある場合に、形式基準における資産保有型会社に該当するか否かの判定において、それぞれの部分の

第1章　一般措置における事業承継税制の仕組み　29

建物の価額はどのように計算すればよいのか。

A 一棟の建物の価額を床面積割合その他合理的と認められる割合により按分した価額により、それぞれの部分の価額を計算する。

【解説】
(1) 形式基準における特定資産の範囲

　租税特別措置法70条の7の2第2項8号で準用する同法70条の7第2項8号に規定する「資産保有型会社」の判定において、同号のロに規定する「特定資産」には、円滑化法規則1条12項ロに規定する「当該会社が現に自ら使用していない不動産」が含まれることとされている。

(2) 上記(1)の「現に自ら使用していない不動産」の範囲

　ここにいう「現に自ら使用していない不動産」とは、遊休地が典型例であるが、例えば、第三者に賃貸しているものもこれに該当する。

　したがって、会社が自らの事務所・工場などに使用している不動産以外のものはすべて「自ら使用していない不動産」に該当することとなる。

(3) 実質基準による判定

　不動産賃貸業を主たる事業とする会社の場合、形式的には資産保有型会社に該当する場合があったとしても、租税特別措置法施行令40条の8の2第7項の要件に該当しない場合は、事業実態がある会社として納税猶予の特例の適用を受けることができる。

(4) 合理的と認められる方法により按分

　Q について、資産保有型会社であるかどうかを判定する上で、一棟の建物について自ら使用している部分とそれ以外の部分がある場合に、それぞれの部分の建物の価額をどのように算出するのかということが問題となるが、円滑化法規則の中で、特にその按分方法等は定められていないことから、その価額の算出方法については、床面積の割合その他合理的と認められる方法により按分することが適当であると考えられる。

(5) 上記(4)は期限の確定事由の判定にも採用

　上記については、会社が資産保有型会社のうち一定の会社に該当したことによる納税の猶予に係る期限の確定事由に該当するか否かを判定する場合も同様である。

また、その場合に、形式的に資産保有型会社に該当したとしても、租税特別措置法施行令40条の8の2第30項の要件に該当しない場合は、事業実態がある会社として、引き続き納税猶予の特例の適用を受けることができる（納税の猶予に係る期限は確定しない）ことに留意する。

※　上記は「情報」の問16を参考にして記述している。

(4)　資産運用型会社

　資産運用型会社とは、認定承継会社の資産の運用状況を確認する期間として上記 **(3)** の政令で定める期間内のいずれかの事業年度における総収入金額に占める特定資産の運用収入の合計額の割合が75％以上となる会社をいう（措法70の7の2②九）。

$$\text{資産運用型会社} = \frac{\text{特定資産の運用収入の合計額}}{\text{総収入金額}} \times 100\% \geqq 75\%$$

（注1）　政令で定める資産保有型会社等の非該当要件

　　前記 **(3)** の資産保有型会社及び上記 **(4)** の資産運用型会社（以下「資産保有型会社等」という）が、次に掲げる要件のすべてを満たす場合には、上記の資産保有型会社等に該当しないものとして取り扱われる（措令40の8の2⑦）。

①　その資産保有型会社等が、本特例に係る相続の開始の日まで引き続き3年以上にわたり、商品の販売その他の業務で財務省令（措規23の10⑥）で定めるものを行っていること

②　上記①の相続の開始の時において、その資産保有型会社等の常時使用従業員の数が5人以上であること

③　上記①の相続の開始の時において、その資産保有型会社等が、上記②の常時使用従業員が勤務している事務所・店舗・工場その他これらに類するものを所有し、又は賃貸していること

　　なお、政令で定める資産保有型会社等の非該当要件は、平成25年度改正により見直しが行われているため、詳細は、「Ⅴ平成25年度改正項目」を参照されたい（95頁）。

（注2）　本特例の対象とならない資産保有型会社又は資産運用型会社の意義

　　本特例の対象とならない資産保有型会社又は資産運用型会社をフローチャートで示すと、次のようになる（措通70の7の2-14）。

【「一定の資産保有型会社等でないこと」の要件の判定フローチャート】

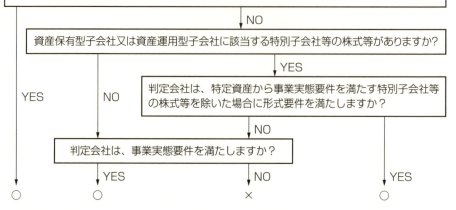

〈形式要件〉

◎資産保有型会社でないこと （下記の算式を満たすこと）	◎資産運用型会社でないこと （下記の算式を満たすこと）
$$\frac{\text{特定資産の帳簿価額の合計額} + \text{過去5年間に経営承継相続人等及びその同族関係者に支払われた剰余金の配当・利益の配当及び損金不算入となる高額の給与等}}{\text{資産の帳簿価額の合計額} + \text{過去5年間に経営承継相続人等及びその同族関係者に支払われた剰余金の配当・利益の配当及び損金不算入となる高額の給与等}} \times 100 < 70\%$$	$$\frac{\text{特定資産の運用収入の合計額}}{\text{総収入金額}} \times 100 < 75\%$$

6 適用を受けるための手続

(1) 期限内申告書の提出

本特例の適用を受けるためには、相続税の申告書を申告期限内に提出し、その申告

書に、特例非上場株式等の全部又は一部につき一般措置の適用を受けようとする旨を記載し、特例非上場株式等の明細及び納税猶予分の相続税額の計算に関する明細等を記載した書類を添付しなければならない（措法70の7の2①・⑨）。

(2) 担保の提供

　本特例の適用を受けるためには、申告期限までに納税猶予分の相続税額に相当する担保を提供しなければならない（措法70の7の2①、措令40の8の2⑤・⑥、措規23の10③・④）。

　経営承継相続人等が納税猶予分の相続税額につき特例非上場株式等のすべてを担保として提供した場合には、特例非上場株式等の価額の合計額が納税猶予分の相続税額に満たないときであっても、納税猶予分の相続税額に相当する担保が提供されたものとみなされるが（以下「みなす充足」という）、その後において、その提供された担保の全部又は一部につき変更があった場合その他の政令で定める場合に該当することとなった場合は、この限りでない（措法70の7の2⑥）。

　なお、みなす充足の適用が継続している間は、認定承継会社の経営状況の悪化等により特例非上場株式等の価額が納税猶予分の相続税額に満たなくなった場合であっても、税務署長から増担保の提供（通法51①）を命ぜられることはない（措法70の7の2⑭二）。

Q&A⑧　担保の提供に関するQ&A

　平成21年8月3日に、国税庁より「非上場株式等についての相続税・贈与税の納税猶予〜担保の提供に関するQ&A〜」が公表されたが、そのQ&Aの内容を抜粋して掲げると、次のとおりである。

Q1 非上場株式等についての相続税の納税猶予制度を利用するに当たって、担保を供する必要があると聞いたが、どのような財産を担保として提供できるのか。

- -

A

　非上場株式等に係る相続税の納税猶予の適用を受けるためには、相続税の申告期限までに、特例非上場株式等についての納税猶予に係る相続税額に相当する担保を

第1章　一般措置における事業承継税制の仕組み　　*33*

提供する必要がある（措法70の7の2①）。

この場合に担保として提供できる財産は、次のとおりである。

1　納税猶予の対象となる認定承継会社の特例非上場株式等（非上場株式又は持分会社の持分）

（注）　特例非上場会社の全部を担保提供する場合に限る（措法70の7の2⑭二）。

この場合には、非上場株式に譲渡制限が付されているものであっても、担保として提供できる財産として取り扱う（措通70の7の2-33）。

2　不動産・国債・地方債・税務署長が確実と認める有価証券、税務署長が確実と認める保証人の保証など（通則法50に掲げる財産）。

Q2 認定承継会社の非上場株式等以外の財産は、担保として提供することはできないか。

A

不動産・国債・地方債・税務署長が確実と認める有価証券、税務署長が確実と認める保証人の保証など、国税通則法50条に掲げる財産であれば、担保として提供することができる。

なお、この場合には「みなす充足」の適用がないので、担保として提供する財産の価額は、納税猶予の相続税額及び猶予期間中の利子税額の合計額に見合うことが必要である（**Q3** を参照）。

Q3 担保として提供する財産は、どの程度の価額のものが必要か。

A

担保として提供する財産の価額は、納税猶予の相続税額及び猶予期間中の利子税額の合計額に見合うことが必要である（措通70の7の2-11）。

なお、特例非上場株式等の全部を担保として提供した場合には、非上場株式等について納税猶予の適用については必要担保額に見合う担保提供があったものとみなす（措法70の7の2⑥）（以下「みなす充足」という）。

《必要担保額の判定》

必要担保額≧納税猶予に係る相続税額（本税）＋猶予期間中の利子税額（※）

34　Ⅱ　相続税の納税猶予制度の仕組み

（※1）　猶予期間中に非上場株式等の譲渡等があった場合など、納税猶予期限が確定した場合には、法定申告期限の翌日から納税猶予期限までの期間について利子税（年3.6％）がかかる（利子税の割合は年ごとに、日本銀行の定める基準割引率に応じて変動する）。

（※2）　必要担保額を算定するに当たっての猶予期間中の利子税額は、相続税の申告期限における相続人の平均余命年数（所得税法施行令別表）を納税猶予期間として計算した額による。

Q4 認定承継会社の特例非上場株式等の全部を担保として提供した場合に、その後の会社の資産状況によっては担保として提供している非上場株式の価額が下落することも考えらる。このような場合は追加で担保提供が必要になるのか。

- -

A

　認定承継会社の特例非上場株式等の全部を担保として提供した場合には、非上場株式等についての納税猶予の適用については必要担保額に見合う担保提供があったものとみなす。このため、担保として提供している非上場株式の価額が下落しても追加で担保提供を求められることはない。

　ただし、担保として提供されている非上場株式等について、全部又は一部に変更があった場合には、みなす充足の取扱いが適用されなくなるため（措法70の7の2⑥ただし書き）、この場合には税務署長から増担保の要求が行われることになる。

（注）　担保の全部又は一部に変更があった場合の例示については **Q5** を参照。

Q5 認定承継会社の特例非上場株式等の全部を担保として提供した場合に、その後の担保の全部又は一部に変更があった場合にはみなす充足の適用がなくなると聞いたが、具体的にはどのような事象が生じた場合をいうのか。

- -

A

　担保として提供されている非上場株式等について、全部又は一部に変更があった場合には、みなす充足の取扱いが適用されなくなる（措法70の7の2⑥ただし書き）ので、この場合には税務署長から増担保要求が行われることになる。

　この「担保の全部又は一部に変更があった場合」とは、例えば、次のようなものをいう（措通70の7の2-31）。

第1章　一般措置における事業承継税制の仕組み　　35

① 担保として提供された特例非上場株式等に係る認定承継会社が合併により消滅した場合

② 担保として提供された特例非上場株式等に係る認定承継会社が株式交換等により他の会社の租税特別措置法70条の7第4項6号に規定する株式交換完全子会社等になった場合

③ 担保として提供された特例非上場株式等に係る認定承継会社が組織変更した場合

④ 担保として提供された特例非上場株式等である株式の併合又は分割があった場合

⑤ 担保として提供された特例非上場株式等に係る認定承継会社が会社法185条に規定する株式無償割当てをした場合

⑥ 担保として提供された特例非上場株式等の名称変更があったことその他の事由により担保として提供された当該特例非上場株式等に係る株券の差替えの手続が必要になった場合

⑦ 担保財産の変更等が行われたため、特例非上場株式等のすべてが担保として提供されていないことになった場合

⑧ 担保として提供された特例非上場株式等について、措置法施行規則23条の10第25項に掲げる要件に該当しないこととなった場合

※ 租税特別措置法施行規則23条の10第25項に掲げる要件とは、特例非上場株式等について質権の設定がされていないこと又は差押えがされていないことその他特例非上場株式等について担保の設定又は処分の制限（民事執行法その他の法令の規定による処分の制限をいう）がされていないことをいう。

Q6 納税猶予が取り消され猶予期限が確定したが、この確定した税額について納付が困難であったため担保として提供している特例非上場株式等が処分された。この場合に、特例非上場株式等の処分の代金を猶予期限の確定した未納の相続税額に充ててなお不足があるときには、どのように取り扱われるのか。

- -

A

　認定承継会社の特例非上場株式等の全部を担保として提供した場合には、非上場株式等についての納税猶予の適用については、必要担保額に見合う担保提供があっ

たものとみなす。この「みなす充足」の取扱いは、あくまでも非上場株式についての相続税の納税猶予の特例の適用を受けるための要件である「納税猶予分の相続税額に相当する担保提供」が行われているかどうかの判断において、必要担保額に見合う担保提供があったものとみなすものである。

このため、納税猶予が取り消され猶予期限が確定したものの、猶予期限までに納付が行われなかったため、担保権を実行して未納の国税を徴収する場合には、一般の国税の担保の取扱いと同じく国税通則法52条の適用を受けることになる。

したがって、担保として提供された特例非上場株式等の処分の代金を猶予税額の確定した未納の相続税額に充ててなお不足があると認めるときは、納税者の他の財産に対して滞納処分が行われることになる（通則法 52④）。

(注)　特例非上場株式等の見積価額が未納の国税の額を超える場合であっても、税務署がその特例非上場株式等を処分しようとしても買受人がいないときは、納税者の他の財産に対して滞納処分が行われることになる（措法 70 の 7 の 2⑭七）。

7　納税猶予期間中の手続

(1)　継続届出書の提出

本特例の適用を受ける経営承継相続人等は、申告期限の翌日から猶予中相続税額の全部につき納税の猶予に係る期限が確定する日までの間に経営報告基準日が存する場合には、届出期限（第1種基準日の翌日から5月を経過する日及び第2種基準日の翌日から3月を経過する日をいう）までに、引き続いてこの特例の適用を受けたい旨及び認定承継会社の経営に関する事項等を記載した届出書（以下「継続届出書」という）に認定承継会社の定款の写し等の書類を添付して納税地の所轄税務署長に提出しなければならない（措法 70 の 7 の 2⑩、措令 40 の 8 の 2㊷、措規 23 の 10㉓）。

(注1)　「猶予中相続税額」とは、納税猶予分の相続税額から、一部確定した税額を除いたものをいう（措法 70 の 7 の 2②七ロ）。

(注2)　「経営報告基準日」とは、第1種基準日又は第2種基準日をいう（前記 **5 (2)** 参照）（措法 70 の 7 の 2②七）。

(注3)　「第1種基準日」とは、経営承継期間（申告期限の翌日から同日以後5年を経過する日又はその相続に係る経営承継相続人等の死亡の日のいずれか早い日までの期間をいう）内のいずれかの日で、申告期限の翌日から起算して1年を経過するごとの日をいう（前記 **5**

第1章　一般措置における事業承継税制の仕組み　*37*

（2）参照）（措法70の7の2②七イ）。

(注4) 「第2種基準日」とは、経営承継期間の末日の翌日から猶予中相続税額の全部につき納税の猶予に係る期限が確定する日までの期間のいずれかの日で、経営承継期間の末日の翌日から3年を経過するごとの日をいう（前記5（2）参照）（措法70の7の2②七ロ）。

（2）　継続届出書未提出の場合

継続届出書が届出期限までに納税地の所轄税務署長に提出されない場合には、届出期限における猶予中相続税額に相当する相続税については、その届出期限の翌日から2月を経過する日をもって納税の猶予に係る期限とされる（措法70の7の2⑫）。

（3）　担保の変更の命令違反等の場合の納税猶予期限の繰上げ

税務署長は、次に掲げる場合には、猶予中相続税額に相当する相続税に係る納税の猶予に係る期限を繰り上げることができる（措法70の7の2⑬）。

① 経営承継相続人等が前記6（2）の担保について担保変更命令（通法51①）に応じない場合

② 提出された継続届出書に記載された事項と相違する事実が判明した場合

Q&A⑨　申告期限後における特例非上場株式等の数又は金額の変更の可否

Q 子Aは、期限内申告において相続税の納税猶予の特例の適用を受けることができる株式数の一部について同特例の適用を受けていたが、認定承継会社である甲株式会社の株式の評価について簡易な誤りが判明したことから修正申告書を提出し、その修正申告書の提出に伴い増加する相続税の額について相続税の納税猶予の特例の適用を受けることとなった。

この場合に、子Aは、特例の適用を受けることとして期限内申告において選択した株式の数についても併せて変更（増減）することができるか。

- -

A 期限内申告において相続税の納税猶予の特例の適用を受けた特例非上場株式等に係る簡易な評価誤りについて修正申告書を提出し、その修正申告書の提出に伴い増加した相続税の額について納税猶予の特例の適用を認めることは例外的な取扱いとして認めているものであり、期限内申告において適法に選択された特例非上場株

38　Ⅱ　相続税の納税猶予制度の仕組み

式等の数又は金額を申告期限後において変更することはできない（措通70の7の2-9）。

- -

【解説】

(1) 通達における取扱い

租税特別措置法70条の7の2第1項は、相続税の期限内申告書を提出した場合に限り適用されるのであるが（ゆうじょ規定も設けられていない）、通達においては、農地の納税猶予における取扱いと同様に、例外的に、修正申告又は更正があった場合でも、その修正申告又は更正が期限内申告書の提出により同項の規定の適用を受けた特例非上場株式等の評価誤り又は税額計算の誤りのみに基づくものであるときは、修正申告又は更正により納付すべき相続税額（附帯税を除く）については、当初からこの制度の適用があるものとして取り扱うこととした。

(2) 単純な評価誤り等に限定

期限内申告に含まれている特例非上場株式等の単純な評価誤りや税額の計算誤りのような軽微な原因に基づく増加税額については、納税者の立場を考慮し、納税猶予の適用を認めようとするものである。

したがって、修正申告又は更正に基づく税額であっても、その修正申告又は更正の起因となった事実のなかにその原因によるもの以外のものが含まれているときは、この取扱いは適用されない。

また、これにより納税猶予の適用が受けられるのは、特例非上場株式等の評価誤り又は税額の計算誤りによって増加する本税の額に限られ、附帯税の額についてまでは適用されない。

※ 上記は「情報」の問40を参考にして記述している。

8　経営承継期間内における納税猶予に係る期限の全部確定

経営承継期間内（5年以内）に、本特例の適用を受ける経営承継相続人等又は認定承継会社について、次に掲げる場合などに該当することとなったときには、それぞれ次に定める日から2月を経過する日が納税猶予に係る期限の全部確定（納税猶予の全部取消し）となる（措法70の7の2③、措令40の8の2㉚）。

第1章　一般措置における事業承継税制の仕組み　39

経営承継期間内における猶予税額の期限確定事由	猶予に係る期限
① **代表権を有しないこととなった場合** 　経営承継相続人等がその有する特例非上場株式等に係る認定承継会社の代表権を有しないこととなった場合（代表権を有しないこととなったことについて財務省令で定めるやむを得ない理由がある場合を除く）	有しないこととなった日
② **常時使用従業員要件を満たさなくなった場合** 　第１種基準日において特例非上場株式等に係る認定承継会社の常時使用従業員の数が常時使用従業員の雇用が確保されているものとして定める数を下回る数となった場合	第１種基準日
③ **筆頭株主グループ要件を満たさなくなった場合** 　経営承継相続人等及び経営承継相続人等と政令で定める特別の関係がある者の有する議決権の数（特例非上場株式等に係る認定承継会社の非上場株式等に係るものに限る）の合計が認定承継会社の総株主等議決権数の50％以下となった場合	50％以下となった日
④ **グループ内筆頭株主要件を満たさなくなった場合** 　経営承継相続人等と上記③に規定する政令で定める特別の関係がある者のうちいずれかの者が、経営承継相続人等が有する特例非上場株式等に係る認定承継会社の非上場株式等に係る議決権の数を超える数の非上場株式等に係る議決権を有することとなった場合	その有することとなった日
⑤ **特例非上場株式等の一部の譲渡等を行った場合** 　経営承継相続人等が特例非上場株式等の一部の譲渡又は贈与（以下「譲渡等」という）をした場合	譲渡等をした日
⑥ **特例非上場株式等の全部の譲渡等をした場合** 　経営承継相続人等が特例非上場株式等の全部の譲渡等をした場合（特例非上場株式等に係る認定承継会社が株式交換又は株式移転により他の会社の株式交換完全子会社等となった場合を除く）	譲渡等をした日
⑦ **会社分割又は組織変更した場合** 　会社分割又は組織変更をした場合	会社分割又は組織変更がその効力を生じた日
⑧ **解散した場合** 　特例非上場株式等に係る認定承継会社が解散をした場合（合併により消滅する場合を除く）又は会社法その他の法律の規定により解散をしたものとみなされた場合	解散をした日又はそのみなされた解散の日
⑨ **資産管理会社に該当することとなった場合** 　特例非上場株式等に係る認定承継会社が資産保有型会社又は資産運用型会社のうち政令で定めるものに該当することとなった場合	その該当することとなった日
⑩ **総収入金額が零となった場合** 　特例非上場株式等に係る認定承継会社の事業年度における総収入金額が零となった場合	事業年度終了の日

⑪ **資本金の額等の減少をした場合** 　特例非上場株式等に係る認定承継会社が、会社法の規定により資本金の額の減少をした場合又は準備金の額の減少をした場合（同法その他これに類する場合として財務省令で定める場合を除く）	資本金の額の減少又は準備金の額の減少がその効力を生じた日
⑫ **本特例の適用を受けないことになった場合** 　経営承継相続人等が本特例の適用を受けることをやめる旨を記載した届出書を納税地の所轄税務署長に提出した場合	届出書の提出があった日
⑬ **合併により消滅した場合** 　特例非上場株式等に係る認定承継会社が合併により消滅した場合（合併により認定承継会社に相当するものが存する場合として財務省令で定める場合（適格合併）を除く）	合併がその効力を生じた日
⑭ **株式交換等をした場合** 　特例非上場株式等に係る認定承継会社が株式交換等により他の会社の株式交換完全子会社等となった場合（株式交換等により認定承継会社に相当するものが存する場合として財務省令で定める場合（適格株式交換等）を除く）	株式交換等がその効力を生じた日
⑮ **非上場株式等に該当しなくなった場合** 　特例非上場株式等に係る認定承継会社の株式等が非上場株式等に該当しないこととなった場合	その該当しないこととなった日
⑯ **風俗営業会社に該当することとなった場合** 　特例非上場株式等に係る認定承継会社又は認定承継会社と政令で定める特別の関係がある会社が風俗営業会社に該当することとなった場合	その該当することとなった日
⑰ **円滑な事業の運営に支障を及ぼすおそれがある場合** 　上記に掲げる場合のほか、経営承継相続人等による特例非上場株式等に係る認定承継会社の円滑な事業の運営に支障を及ぼすおそれがある場合として政令で定める場合	政令で定める日

　なお、上記⑰の政令で定める日とは、次に掲げる場合の区分に応じそれぞれに定める日とする（措令40の8の2㉛）。

経営承継期間内における猶予税額の期限確定事由	猶予に係る期限
① **種類株式所有者要件** 　特例非上場株式等に係る認定承継会社が発行する会社法108条1項8号に掲げる事項について定めがある種類（黄金株）の株式を認定承継会社に係る経営承継相続人等以外の者が有することとなったとき	その有することとなった日
② **非議決権制限株式要件（株式会社の場合）** 　特例非上場株式等に係る認定承継会社が特例非上場株式等の全部又は一部の種類を株主総会において議決権を行使することができる事項につき制限のある株式に変更した場合	その変更した日
③ **非議決権制限株式要件（持分会社の場合）** 　特例非上場株式等に係る認定承継会社が定款の変更により認定承継会社に係る経営承継相続人等が有する議決権の制限をした場合	その制限をした日

第1章　一般措置における事業承継税制の仕組み　*41*

Q&A⑩　経営承継期間内に認定承継会社の破産手続開始の決定

Q 経営承継期間内に、特例非上場株式等に係る認定承継会社について破産手続開始の決定がなされた。この場合、猶予中相続税額に相当する相続税について免除申請することができるのか。

A 特例非上場株式等に係る認定承継会社について破産手続開始決定があった場合の猶予中相続税額に相当する相続税に係る免除申請は、経営承継期間の末日の翌日以後（5年経過後）に生じた一定の事由に限られる。

　したがって、**Q** については、経営承継期間内（5年以内）に生じた事由であることから、猶予中相続税額に相当する相続税ついて免除申請を行うことはできない。

【解説】

(1)　経営承継期間内の期限の確定事由に該当

　経営承継期間内に、特例非上場株式等に係る認定承継会社について破産手続開始の決定がなされた場合、その事由は租税特別措置法70条の7の2第3項8号に規定する「当該特例非上場株式等に係る認定承継会社が解散をした場合」に該当するため、その事由が生じた日から2月を経過する日をもって納税の猶予に係る期限が到来する。

(2)　経営承継期間の経過後であれば免除事由に該当

　経営承継期間の末日の翌日以後に、相続税の納税猶予の特例の適用を受ける経営承継相続人等又は特例非上場株式等に係る認定承継会社が、租税特別措置法70条の7の2第17項各号に掲げる一定の事由に該当することとなった場合において、その経営承継相続人等が、同条17項各号に掲げる事由に該当することとなった日から2月を経過する日までに、同項各号に定める相続税の免除を受けたい旨、免除を受けようとする相続税に相当する金額及びその計算の明細その他一定の事項を記載した申請書を納税地の所轄税務署長に提出したときは、同条18項の規定により、その申請書の提出を受けた税務署長は、その申請書に記載された事項について調査を行い、その申請書に係る申請期限の翌日から6月以内に、同条17項各号に定める相続の免除をした旨等をその経営承継相続人等に対し通知することとされている。

※　上記は「情報」の問38を参考にして記述している。

9 経営承継期間内における納税猶予に係る期限の一部確定

経営承継期間内（5年以内）に本特例の適用を受ける経営承継相続人等又は特例非上場株式等に係る認定承継会社について、次の左欄に掲げる場合に該当することとなった場合には、納税猶予に係る期限の一部確定（納税猶予の一部取消し）となり、中欄に掲げる金額に相当する相続税について、右欄に掲げる日から2月を経過する日までに納付しなければならない（措法70の7の2④）。

経営承継期間内における 猶予税額の期限確定事由	確定相続税額	猶予に 係る期限
認定承継会社が適格合併をした場合又は適格交換等をした場合において、特例非上場株式等に係る経営承継相続人等が、適格合併をした場合における合併又は適格交換等をした場合における株式交換等に際して、吸収合併存続会社等及び他の会社の株式等以外の金銭その他の資産の交付を受けたとき。	猶予中相続税額のうち、金銭その他の資産の額に対応する部分の額として政令で定めるところにより計算した金額	合併又は株式交換等がその効力を生じた日

本規定は、平成27年度改正により見直しが行われているため、改正内容は、「Ⅵ平成27年度改正項目」を参照されたい（103頁）。

10 経営承継期間後における納税猶予に係る期限の確定

経営承継期間（5年以内）の末日の翌日から猶予中相続税額に相当する相続税の全部につき納税の猶予に係る期限が確定する日までの間において、本特例の適用を受ける経営承継相続人等又は特例非上場株式等に係る認定承継会社について、次の左欄に掲げる場合に該当することとなった場合には、それぞれの中欄に掲げる金額に相当する相続税について、それぞれの右欄に掲げる日から2月を経過する日までに納付しなければならない（措法70の7の2⑤、措令40の8の2㉞～㊳）。

期限確定事由	納付すべき猶予中相続税額	猶予に係る期限
① 次に掲げる場合		
イ 特例非上場株式等の全部の譲渡等をした場合	猶予中相続税額	譲渡等をした日
ロ 解散した場合	猶予中相続税額	解散をした日等
ハ 資産管理会社に該当することとなった場合	猶予中相続税額	その該当することとなった日

ニ　総収入金額が零となった場合	猶予中相続税額	事業年度終了の日
ホ　資本金の額等の減少をした場合	猶予中相続税額	資本金の額の減少等がその効力を生じた日
ヘ　本特例の適用を受けないことになった場合	猶予中相続税額	届出書の提出があった日
②　経営継承相続人等が特例非上場株式等の一部の譲渡等した場合	猶予中相続税額のうち、譲渡等をした特例非上場株式等の数又は金額に対応する部分の額として政令で定めるところにより計算した金額	譲渡等をした日
③　認定承継会社が合併により消滅した場合	猶予中相続税額（合併に際して吸収合併存続会社等の株式等の交付があった場合には、株式等の価額に対応する部分の額として政令で定めるところにより計算した金額を除く）	合併がその効力を生じた日
④　認定承継会社が株式交換等により他の会社の株式交換完全子会社等となった場合	猶予中相続税額（株式交換等に際して他の会社の株式等の交付があった場合には、その株式等の価額に対応する部分の額として政令で定めるところにより計算した金額を除く）	株式交換等がその効力を生じた日
⑤　認定承継会社が会社分割をした場合（会社分割に際して吸収分割承継会社等の株式等を配当財産とする剰余金の配当があった場合に限る）	猶予中相続税額のうち、会社分割に際して認定承継会社から配当された吸収分割承継会社等の株式等の価額に対応する部分の額として政令で定めるところにより計算した金額	会社分割がその効力を生じた日
⑥　認定承継会社が組織変更をした場合（組織変更に際して認定承継会社の株式等以外の財産の交付があった場合に限る）	猶予中相続税額のうち、組織変更に際して認定承継会社から交付された認定承継会社の株式等以外の財産の価額に対応する部分の額として政令で定めるところにより計算した金額	組織変更がその効力を生じた日

11　猶予税額が免除される場合

（1）　経営承継相続人等の死亡等による猶予税額の免除

　本特例の適用を受ける経営承継相続人等が次のいずれかに掲げる場合に該当することとなったときには、次に定める相続税が免除される（措法70の7の2⑯、措令40の8の2㊹）。

免除の該当事由	免除される猶予中相続税額
① 経営承継相続人等が死亡した場合	猶予中相続税額に相当する相続税
② 経営承継期間（5年間）の末日の翌日以後に、経営承継相続人等が特例非上場株式等につき租税特別措置法第70条の7第1項（非上場株式等についての贈与税の納税猶予）の規定の適用に係る贈与をした場合	猶予中相続税額に次の割合を乗じて計算した金額に相当する相続税 $\dfrac{\text{贈与をした特例非上場株式等（左記同項の規定の適用を受けるものに限る）の数又は金額}}{\text{贈与の直前における特例非上場株式等の数又は金額}}$

（2） 経営承継期間経過後における猶予税額の免除

　本特例の適用を受ける経営承継相続人等又は特例非上場株式等に係る認定承継会社が、次のいずれかに掲げるケースに該当することとなった場合において、経営承継相続人等は、それぞれに定める相続税の免除を受けようとするときは、その該当することとなった日から2月を経過する日までに、その免除を受けたい旨、免除を受けようとする相続税に相当する金額（以下「免除申請相続税額」という）及びその計算の明細その他の財務省令で定める事項を記載した申請書を納税地の所轄税務署長に提出しなければならない（措法70の7の2⑰）。

免除申請に係る該当事由	免除申請相続税額
① **特例非上場株式等の全部を譲渡した場合** 　経営承継期間の末日の翌日以後に、経営承継相続人等が特例非上場株式等に係る認定承継会社の非上場株式等の全部の譲渡等をした場合において、次のイに掲げる金額の合計額が譲渡等の直前における猶予中相続税額に満たないとき	猶予中相続税額から次のイに掲げる金額の合計額（(a)＋(b)）を控除した残額に相当する相続税
② **破産手続開始の決定等があった場合** 　経営承継期間の末日の翌日以後に、特例非上場株式等に係る認定承継会社について破産手続開始の決定又は特別清算開始の命令があった場合	次のロに掲げる金額からイ(b)に掲げる金額を控除した残額に相当する相続税
③ **合併により消滅した場合** 　経営承継期間の末日の翌日以後に、特例非上場株式等に係る認定承継会社が合併により消滅した場合において、次のハに掲げる金額の合計額が合併がその効力を生ずる直前における猶予中相続税額に満たないとき	猶予中相続税額から次のハとイ(b)の合計額を控除した残額に相当する相続税
④ **他の会社の株式交換完全子会社等になった場合** 　経営承継期間の末日の翌日以後に、特例非上場株式等に係る認定承継会社が株式交換等により他の会社の株式交換完全子会社等となった場合において、次のニに掲げる金額の合計額が株式交換等がその効力を生ずる直前における猶予中相続税額に満たないとき	猶予中相続税額から次のニとイ(b)の合計額を控除した残額に相当する相続税

第1章　一般措置における事業承継税制の仕組み　*45*

イ　特例非上場株式等の全部を譲渡等した場合

前頁①のイに掲げる金額は、次の(a)と(b)の合計額をいい、この場合における免除申請相続税額は、次のように計算する。

(a) 譲渡等があった時における譲渡等をした特例非上場株式等の時価に相当する金額として財務省令で定める金額（財務省令で定める金額が譲渡等をした特例非上場株式等の譲渡等の対価の額より小さい金額である場合には、譲渡等の対価の額）

(b) 譲渡等があった日以前5年以内において、経営承継相続人等及び経営承継相続人等と生計を一にする者が、認定承継会社から受けた剰余金の配当等の額その他認定承継会社から受けた金額として政令で定めるものの合計額は、免除申請相続税額から除かれる（下記ロからニにおいて同じ）

$$免除申請相続税額 = \begin{pmatrix} 譲渡等直前の \\ 猶予中相続税額 \end{pmatrix} - ((a) + (b))$$

また、具体的な計算は、次のようになる。

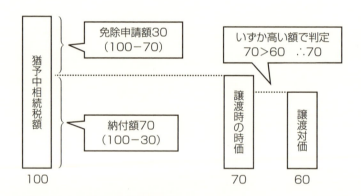

ロ　破産手続開始の決定等があった場合

前頁②のロに掲げる金額は、次の(c)の金額をいい、この場合における免除申請相続税額は、次のように計算する。

(c) 認定承継会社の解散（会社法その他の法律の規定により解散をしたものとみなされる場合の解散を含む）の直前における猶予中相続税額

$$免除申請相続税額 = ((c) - 上記のイ(b))$$

ハ　合併により消滅した場合

前頁③の**ハ**に掲げる金額は、次の(d)と上記**イ**(b)の合計額をいい、この場合における免除申請相続税額は、次のように計算する。

(d)　合併がその効力を生ずる直前における特例非上場株式等の時価に相当する金額として財務省令で定める金額（財務省令で定める金額が合併対価の額より小さい金額である場合には、合併対価の額）

$$
免除申請相続税額 = \left(\begin{array}{c} 合併の効力が生ずる直前の \\ 猶予中相続税額 \end{array} \right) - ((d) + \textbf{イ}の(b))
$$

ニ　他の会社の株式交換完全子会社等となった場合

前頁④の**ニ**に掲げる金額は、次の(e)と上記**イ**(b)の合計額をいい、この場合における免除申請相続税額は、次のように計算する。

(e)　株式交換等がその効力を生ずる直前における特例非上場株式等の時価に相当する金額として財務省令で定める金額（財務省令で定める金額が交換等対価の額より小さい金額である場合には、交換等対価の額）

$$
免除申請相続税額 = \left(\begin{array}{c} 株式交換の効力が生ずる直前の \\ 猶予中相続税額 \end{array} \right) - ((e) + \textbf{イ}の(b))
$$

Q&A⑪　経営承継期間経過後の免除申請の期間制限

Q　経営承継期間経過後に、特例非上場株式等に係る認定承継会社について破産手続開始の決定がなされた。ところで、その事由が生じた日から2か月を経過した後に猶予中相続税額に相当する相続税について免除申請を行ったが、その申請は認められるか。

- -

A　特例非上場株式等に係る認定承継会社について破産手続開始決定があった場合の猶予中相続税額に相当する相続税に係る免除申請書は、その事由が生じた日から2月以内に提出しなければならない。

したがって、**Q**については、免除申請に係る期限を経過しているため、猶予中相続税額に相当する相続税について免除申請を行うことはできない。

第1章　一般措置における事業承継税制の仕組み　47

なお、その申請書の提出に関し、その提出がなかった場合のゆうじょ規定は法令上設けられていない。

【解説】

（1）　経営承継期間経過後における認定承継会社の破産等は免除申請事由に該当

　経営承継期間の末日の翌日以後に、特例非上場株式等に係る認定承継会社の非上場株式等の全部の譲渡等をした場合又は特例非上場株式等に係る認定承継会社について破産手続開始の決定若しくは特別清算開始の命令があった場合など一定の事由に該当する場合には、納税の猶予に係る期限が到来する相続税のうち一定の金額が税務署長の通知により免除される（措法70の7の2⑰・⑱）。

（2）　免除申請書の提出期限

　上記（1）の相続税の免除を受けるには、経営承継相続人等は、免除事由に該当することとなった日から2月を経過する日（その該当することとなった日から2月を経過する日までの間に経営承継相続人等が死亡した場合には、経営承継相続人等の相続人が経営承継相続人等の死亡による相続の開始があったことを知った日の翌日から6月を経過する日）（以下「申請期限」という）までにその免除を受けたい旨、免除を受けようとする相続税に相当する金額及びその計算の明細その他の一定事項を記載した申請書を納税地の所轄税務署長に提出しなければならないこととされている（措法70の7の2⑰）。

（3）　提出期限にゆうじょ規定なし

　上記（2）の申請書がその申請期限までに提出されない場合には、租税特別措置法70条の7の2第17項の規定の適用を受けることはできない。

　また、その申請書の提出に関し、その提出がなかった場合のゆうじょ規定は法令上設けられていない。

※　上記は「情報」の問39を参考にして記述している。

12　その他の取扱い

（1）　未分割の場合の不適用

　相続に係る相続税の申告書の提出期限までに、相続又は遺贈により取得をした非上場株式等の全部又は一部が共同相続人又は包括受遺者によってまだ分割されていない

場合における一般措置の適用については、その分割されていない非上場株式等は、相続税の申告書に同項の規定の適用を受ける旨の記載をすることができない（措法70の7の2⑦）。

(2)　他の納税猶予制度との重複適用の排除

　経営承継相続人等が、認定承継会社に係る株式等について、本特例の適用を受けようとする場合において、経営承継相続人等以外の者が認定承継会社と同一の会社の株式等について、非上場株式等についての贈与税の納税猶予（措法70の7①）、非上場株式等についての相続税の納税猶予（措法70の7の2①）又は非上場株式等の贈与者が死亡した場合の相続税の納税猶予（措法70の7の4①）のいずれかの規定の適用を受けているときは、この特例の適用を受けることができない（措法70の7の2⑧）。

Q&A⑫　贈与税の納税猶予の特例と相続税の納税猶予の特例の適用関係（1）

Q　子Aは、父から贈与を受けた甲株式会社の株式について贈与税の納税猶予の特例の適用を受けていたが、その後、贈与者である父が死亡し、その父の死亡による相続又は遺贈に係る相続税の申告において贈与者が死亡した場合の相続税の納税猶予の特例（措法70の7の4①）の適用を受けることとなった。

　子Aは、父が生前に保有していた甲株式会社の株式を相続により取得をしたが、相続により取得をした株式について相続税の納税猶予の特例（措法70の7の2①）の適用を受けることができるか。

- -

A　子Aは、父の相続が開始した時において、父から贈与により取得をした甲株式会社の株式について贈与税の納税猶予の特例の適用を受けていることから、父から相続により取得をした（同じ会社である）甲株式会社の株式について相続税の納税猶予の特例（措法70の7の2①）の適用を受けることはできない。

- -

【解説】

(1)　他の納税猶予制度との重複適用の排除

　租税特別措置法70条の7の2第1項かっこ書において、相続税の納税猶予の特例（措法70の7の2①）の対象となる非上場株式等は、「次条（措法70の7の3）1項

第1章　一般措置における事業承継税制の仕組み　　49

の規定により当該被相続人から相続又は遺贈により取得をしたものとみなされる同項の特例受贈非上場株式等に係る認定承継会社の株式等を除く。」と規定されている。

　なお、租税特別措置法70条の7の4第6項においても同趣旨の規定が置かれている。

(2)　相続税の納税猶予における特例受贈非上場株式等の排除

　$\boxed{Q}$について、子Aは、父の相続が開始した時において、父から贈与により取得をした甲株式会社の株式について贈与税の納税猶予の特例の適用を受けており、租税特別措置法70条の7の3第1項の規定により、相続又は遺贈により取得をしたものとみなされる特例受贈非上場株式等である甲株式会社の株式があることから、父から相続により取得をした（同じ会社の株式である）甲株式会社の株式について相続税の納税猶予の特例（措法70の7の2①）の適用を受けることはできない（措通70の7の2-3）。

　※　上記は「情報」の問9を参考にして記述している。

Q&A⑬　贈与税の納税猶予の特例と相続税の納税猶予の特例の適用関係 (2)

　$\boxed{Q}$　子Aは、父から贈与を受けた甲株式会社の株式について贈与税の納税猶予の特例の適用を受けていたが、その後、贈与者である父が死亡した。

　父の死亡による相続又は遺贈に係る相続税の申告において贈与者が死亡した場合の相続税の納税猶予の特例（措法70の7の4①）の適用を受けないこととした場合、子Aは、父から相続により取得をした甲株式会社の株式について相続税の納税猶予の特例（措法70の7の2①）の適用を受けることができるか。

- -

　$\boxed{A}$　子Aは、父の相続が開始した時において、父から贈与により取得をした甲株式会社の株式について贈与税の納税猶予の特例の適用を受けていることから、父から相続により取得をした（同じ会社である）甲株式会社の株式について相続税の納税猶予の特例（措法70の7の2①）の適用を受けることはできない。

- -

【解説】

(1)　贈与税の納税猶予の適用を受けた特例受贈非上場株式等に対するみなし規定

[Q]について、子Aは、父の相続が開始した時において、父から贈与により取得をした甲株式会社の株式について贈与税の納税猶予の特例の適用を受けていることから、その特例の適用を受けている特例受贈非上場株式等は、租税特別措置法70条の7の3第1項の規定により、「贈与者の死亡による相続又は遺贈に係る相続税については、当該経営承継受贈者が当該贈与者から相続（又は遺贈）により同条（措法70の7）1項の規定の適用を受ける特例受贈非上場株式等の取得をしたもの」とみなされる。

(2)　相続税の納税猶予における特例受贈非上場株式等の排除

したがって、租税特別措置法70条の7の3第1項の規定により、子Aが相続又は遺贈により取得をしたものとみなされる特例受贈非上場株式等である甲株式会社の株式がある場合には、同法70条の7の2第1項かっこ書の規定により、その株式について贈与者が死亡した場合の相続税の納税猶予の特例（措法70の7の4①）の適用を受けるか否かにかかわらず、父から相続により取得をした（同じ会社の株式である）甲株式会社の株式について相続税の納税猶予の特例（措法70の7の2①）の適用を受けることはできない。

※　上記は「情報」の問10を参考にして記述している。

Q&A⑭　贈与税の納税猶予の特例と相続税の納税猶予の特例の適用関係（3）

[Q]　子Aは、父から贈与を受けた甲株式会社の株式について贈与税の納税猶予の特例の適用を受けていたが、途中、猶予中贈与税額の全部について期限が確定し、その後、贈与者である父が死亡した。

子Aは、父が生前に保有していた甲株式会社の株式を相続により取得をしたが、相続により取得をした株式について相続税の納税猶予の特例（措法70の7の2①）の適用を受けることができるか。

- -

[A]　子Aについては、父の相続が開始した時において、贈与税の納税猶予の特例（措法70の7①）の適用を受ける特例受贈非上場株式等を有していないことから、父から相続により取得をした甲株式会社の株式について相続税の納税猶予の特例

（措法70の7の2①）の適用を受けることは可能である。

【解説】

(1)　他の納税猶予制度との重複適用の非該当

　Ｑについて、子Ａは、父から贈与を受けた甲株式会社の株式について贈与税の納税猶予の特例の適用を受けていたが、贈与者である父が死亡する前に猶予中贈与税額の全部について納税猶予に係る期限が確定しており、贈与者である父の相続が開始した時において、租税特別措置法70条の7の3第1項の規定により相続又は遺贈により取得をしたものとみなされる特例受贈非上場株式等を有していない。

(2)　相続税の納税猶予の適用可能

　したがって、子Ａが父から相続により取得をした甲株式会社の株式は、租税特別措置法70条の7の2第1項かっこ書により除外される特例受贈非上場株式等に係る認定承継会社の株式等に該当しないことから、相続により取得をした甲株式会社の株式について相続税の納税猶予の特例（措法70の7の2①）の適用を受けることは可能である。

※　上記は「情報」の問11を参考にして記述している。

(3)　同族会社等の行為又は計算の否認等の規定の準用

　相続税法64条（同族会社等の行為又は計算の否認等）1項及び4項の規定は、本特例の適用を受ける経営承継相続人等若しくは経営承継相続人等に係る被相続人又はこれらの者と特別の関係がある者の相続税又は贈与税の負担が不当に減少する結果となると認められる場合について準用される（措法70の7の2⑮）。

(4)　利子税

　本特例の適用を受けた経営承継相続人等は、納税猶予税額の全部または一部を納付する場合には、納付する税額を基礎とし、相続税の申告書の提出期限の翌日から納税の猶予の期間に応じ、年3.6％の割合を乗じて計算した金額に相当する利子税をあわせて納付しなければならない（措法70の7の2㉘）。

　なお、利子税の計算は平成25年度改正により見直しが行われており、改正後の計算は、「Ⅴ平成25年度改正項目」を参照されたい（89頁）。

(5) 経営承継会社に該当しない会社

　特例非上場株式等に係る認定承継会社が、一般措置の規定の適用を受けようとする経営承継相続人等及び経営承継相続人等と政令で定める特別の関係がある者から現物出資又は贈与により取得をした資産（相続の開始前3年以内に取得をしたものに限り、次の②において「現物出資等資産」という）がある場合において、相続の開始の時における次の①に掲げる金額に対する次の②に掲げる金額の割合が70％以上であるときは、経営承継相続人等については、一般措置の規定は適用されない（措法70の7の2㉚）。

　①　認定承継会社の資産の価額の合計額
　②　現物出資等資産の価額（認定承継会社が相続の開始の時において現物出資等資産を有していない場合には、相続の開始の時に有しているものとしたときにおける現物出資等資産の価額）の合計額

$$
非適用会社 \; = \; \frac{②\;\; 現物出資等資産の価額（時価）}{①\;\; 認定承継会社の資産の価額（時価）} \times 100 \geqq 70\%
$$

　なお、上記の認定承継会社の資産の価額及び現物出資等資産の価額とは、相続開始時における財産評価基本通達の定めにより計算した価額をいう（措通70の7の2-54）。

III 贈与税の納税猶予制度の仕組み

1 制度の概要

　後継者である受贈者（以下「経営承継受贈者」という）が、贈与により、円滑化法の認定を受ける会社の株式等を、先代経営者である贈与者から全部又は一定数以上取得し、その会社を経営していく場合には、贈与税の申告書を提出期限までに提出するとともに、一定の担保を提供した場合に限り、その経営承継受贈者が納付すべき贈与税のうち、その非上場株式等（一定の部分に限る）に対応する贈与税の納税が猶予され、その猶予税額は、先代経営者や経営承継受贈者が死亡した場合などにはその全部又は一部が免除されるが、免除されるときまでに本特例の適用を受けた非上場株式等を譲渡するなど一定の場合には、その猶予税額の全部又は一部を利子税とあわせて納付する必要がある（措法70の7①）。

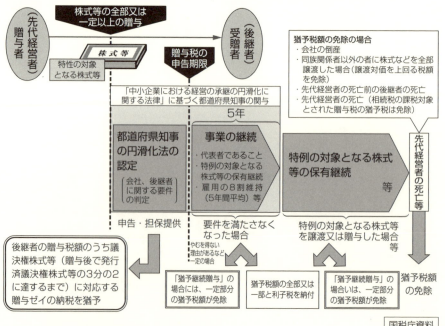

2 適用を受けるための手続

　贈与税の納税猶予制度（以下Ⅲにおいて「本特例」という）の適用を受けるためには、次の **(1)** から **(3)** までの要件を満たすとともに、円滑化法に基づき、会社が「円滑化法の認定」を受ける必要があり、「円滑化法の認定」を受けるためには、原則として、贈与の日の属する年の翌年の1月15日までにその申請を行う必要がある。

(1) 認定贈与承継会社の要件

　認定贈与承継会社とは、円滑化法の認定を受けた会社で、贈与の時に次に掲げる要件のすべてを満たすものをいう（措法70の7②一、措令40の8⑤～⑨、措規23の9④・⑤）。

① 常時使用従業員の数

　その会社の常時使用従業員の数が1人以上であること（一定の外国会社株式等を保有している場合には5人以上）（措法70の7②一イ・ホ、措規23の9④）。

② 資産管理会社に非該当

　その会社が、原則として資産保有型会社又は資産運用型会社に該当しないこと（措法70の7②一ロ、措令40の8⑥、措規23の9⑤）。

③ 非上場会社に該当

　その会社の株式等及び特別関係会社（注）のうちその会社と密接な関係がある一定の会社（以下「特定特別関係会社」という）の株式等が非上場株式等に該当すること（措法70の7②一ハ、措令40の8⑦）。

(注)　「特別関係会社」とは、その会社と租税特別措置法施行令40条の8第7項で定める特別の関係のある会社をいう。

④ 風俗営業会社に非該当

　その会社及びその会社の特定特別関係会社が風俗営業会社に該当しないこと（措法70の7②一ニ）。

⑤ 総収入金額が零を超過

　円滑化法の認定を受けた会社の贈与の日の属する事業年度の直前の事業年度（贈与の日が事業年度の末日である場合には、その事業年度及びその直前の事業年度）の総収入金額（営業外利益及び特別利益以外のものに限る）が、零ではないこと（措法70の7②一ヘ、措令40の8⑩一）。

第1章　一般措置における事業承継税制の仕組み　　55

⑥ 黄金株の非所有

円滑化法の認定を受けた会社が発行する黄金株を、その会社に係る経営承継相続人等以外の者が有していないこと（措法70の7②一ヘ、措令40の8⑩二）。

⑦ 特定特別関係会社は中小企業者に該当

円滑化法の認定を受けた会社の特定特別関係会社が、中小企業者に該当すること（措法70の7②一ヘ、措令40の8⑩三）。

⑧ 現物出資等資産の割合が70％未満

贈与の日前3年以内に一定の者から受けた現物出資等資産の割合が総資産の70％未満であること（措法70の7㉙）。

（2） 先代経営者である贈与者の要件

先代経営者である贈与者とは、贈与の直前において、次に掲げる要件のすべてを満たすものをいう（措法70の7①、措令40の8①）。

① 筆頭株主等グループに帰属

贈与の直前において、「B/A＞50％」の算式を満たすこと。なお、「A」及び「B」は、次による（措令40の8①一イ）。

A：認定贈与承継会社に係る総株主等議決権数

B：先代経営者及び先代経営者の同族関係者等の有する認定贈与承継会社の非上場株式等の議決権の数の合計

② グループ内の筆頭株主等

先代経営者が有する認定贈与承継会社の非上場株式等に係る議決権の数が先代経営者の同族関係者等（経営承継受贈者となる者を除く）のうちいずれの者が有する議決権の数をも下回らないこと（措令40の8①一ロ）。

③ 代表者でないこと

贈与の時において、先代経営者が認定贈与承継会社の代表権を有していないこと（措令40の8①一ハ）。

（3） 後継者である経営承継受贈者の要件

後継者である経営承継受贈者とは、贈与により認定贈与承継会社の非上場株式等の取得をした個人（一の者に限る）で、次に掲げる要件のすべてを満たす者をいう（措法70の7②三、措令40の8⑪）。

56　Ⅲ　贈与税の納税猶予制度の仕組み

① 20歳以上であること

後継者が、その贈与の日において20歳以上であること（措法70の7②三イ）。

② 代表権を取得していること

後継者が、その贈与の時において、認定贈与承継会社の代表権を取得していること（措法70の7②三ロ）。

③ 筆頭株主等グループに帰属

贈与の時において、「B/A＞50％」の算式を満たすこと。なお、「A」及び「B」は、上記 **(2)** ①と同様である（措法70の7②三ハ）。

④ グループ内の筆頭株主等

贈与の時において、経営承継受贈者が有する認定贈与承継会社に係る議決権の数が、後継者の同族関係者等のうちいずれの者が有する議決権の数をも下回らないこと（措法70の7②三ニ）。

⑤ 株式等継続保有

後継者が、贈与の時から贈与の属する年分の贈与税の申告書の提出期限まで引き続き贈与により取得をした認定贈与承継会社の特例受贈非上場株式等のすべてを有していること（措法70の7②三ホ）。

⑥ 役員就任要件

後継者が、贈与の日まで引き続き3年以上にわたり認定贈与承継会社の役員その他の地位として財務省令で定めるものを有していること（措法70の7②三ヘ）。

Q&A⑮　役員である期間の意義

Q 子Aは、父から甲株式会社の株式の贈与を受けた。子Aは、贈与を受けた日の7年前に甲株式会社の役員に就任した以後、次のとおり、合計4年間以上、同社の役員に就いている。この場合に、子Aは贈与税の納税猶予の特例の適用を受けることができるか。

〈子Aが役員であった期間等の状況〉

平成23年7月　甲株式会社の取締役に就任

平成27年7月　甲株式会社の子会社である（乙社）の代表取締役社長に就任

平成27年7月　甲株式会社の取締役を退任

平成29年7月　再び、甲株式会社の取締役に就任

平成30年8月　父から甲株式会社の株式の贈与を受ける

なお、贈与の日現在、甲株式会社の代表取締役社長である。

A 子Aについては、贈与の日からさかのぼって3年目の応当日から贈与の日までの間（以下「直近3年間」という）において認定贈与承継会社の役員でない期間があるため、贈与税の納税猶予の特例の適用を受けることはできない。

【解説】

(1)　租税特別措置法の規定

　租税特別措置法70条の7第2項3号へにおいては、経営承継受贈者の要件として「当該個人が、その贈与の日まで引き続き3年以上にわたり認定贈与承継会社の役員その他の地位として財務省令で定めるものを有していること。」と規定されている。

　したがって、個人が経営承継受贈者に該当するためには、贈与の日の直近3年間、継続して、その地位を有しなければならないこととなる。

(2)　3年以上の判定の始期

　Q について、子Aは、過去に通算して4年間以上、甲株式会社の役員に就いているが、贈与の日の直近3年間継続して甲株式会社の役員に就いていないことから、租税特別措置法70条の7第2項3号への要件を満たしておらず、贈与税の納税猶予の特例の適用を受けることはできない。

(3)　財務省令で定めるもの

　なお、「役員その他の地位として財務省令で定めるもの」とは、認定贈与承継会社が株式会社である場合には取締役、会計参与又は監査役をいい、持分会社である場合には業務を執行する社員をいう（措規23の9⑨・⑩）ことから、例えば、直近3年間のうち1年は監査役、残りの2年は取締役であっても、その要件を充足する。

（参考）　租税特別措置法関係通達70の7-13《役員である期間の意義》

※　上記は「情報」の問12を参考にして記述している。

3　対象となる非上場株式等の数

　特例の対象となる非上場株式等の数は、次のA、B、Cの数を基に(1)又は(2)の区分

の場合に応じた数が限度となる（措法70の7①、措令40の8②）。

「A」・・・先代経営者が贈与直前に保有する非上場株式等の数

「B」・・・経営承継受贈者が贈与前から保有する非上場株式等の数

「C」・・・贈与時の発行済株式等の総数

⑴　A＋B＜C×2/3の場合　⇒　A

⑵　A＋B≧C×2/3の場合　⇒　C×2/3－B

　本特例の適用を受けるためには、この限度数以上の数の非上場株式等の贈与を受ける必要がある（⑴の場合はAの全部の贈与が必要になる）。

　なお、経営承継受贈者が贈与前から発行済株式数の3分の2以上を所有していた場合には、本特例の適用はない。

Q&A⑯　贈与税の納税猶予の特例の適用を受けなければならない株式等の数等

Q 贈与税の納税猶予の特例の適用を受けるために必要な非上場株式等の贈与を受けたが、贈与を受けた株式等のうち贈与税の納税猶予の特例の対象となる株式の数又は金額（限度数又は限度額に達するまでの部分）の全部についてこの特例の適用を受ける必要があるか。

A 贈与税の納税猶予の特例の適用を受けるためには、全部又は一定の数等（限度数又は限度額に達するまでの部分）の非上場株式等の贈与を受けなければならないが、その贈与を受けた株式等の数等（限度数又は限度額に達するまでの部分）の全部についてこの特例の適用を受ける必要はなく、この特例の対象となる株式等の数等を限度として選択した部分（数等）について特例の適用を受けることができる。

【解説】

（1）　選択した部分について適用

　租税特別措置法70条の7第1項本文では、「……、当該贈与が次の各号に掲げる場合の区分に応じ当該各号に定める贈与であるときは、当該経営承継受贈者の当該贈与の日の属する年分の贈与税で相続税法第28条第1項の規定による申告書（……）の提出により納付すべきものの額のうち、当該非上場株式等で当該贈与税の申告書にこの項の規定の適用を受けようとする旨の記載があるもの（……）に係

第1章　一般措置における事業承継税制の仕組み　　59

る納税猶予分の贈与税額に相当する贈与税については、……、その納税を猶予する。」と規定しており、贈与税の納税猶予の特例は、全部又は一定数等以上の贈与がなされることを前提とし、この特例の対象となる株式等の限度数又は限度額に達するまでの部分のうち、選択した部分（数等）についてこの特例の適用を受けることができることとされている。

(2)　限度額の全部を受けることが要件となっていない

したがって、限度数又は限度額に達するまでの部分の全部についてこの特例の適用を受けることは要件とされていない。

(3)　相続税の納税猶予の特例等も同様

上記については、相続税の納税猶予の特例（措法70の7の2①）及び贈与者が死亡した場合の相続税の納税猶予の特例（措法70の7の4①）においても同様であり、租税特別措置法70条の7の2第1項及び同法70条の7の4第1項の規定において、それぞれ、「当該相続税の申告書にこの項の規定を受けようとする旨の記載があるもの（……）に係る納税猶予分の相続税額に相当する相続税については、……、その納税を猶予する。」と規定されている。

※　上記は「情報」の問4を参考にして記述している。

4　納税猶予分の贈与税額の計算

贈与税の納税猶予額は、納税猶予の特例を受ける非上場株式等の数に対応する価額から基礎控除額（110万円）を控除した残額に贈与税の税率を適用して計算した額となる（措法70の7②五）。

具体的には、次の ステップ1 から ステップ3 により計算する。

60　Ⅲ　贈与税の納税猶予制度の仕組み

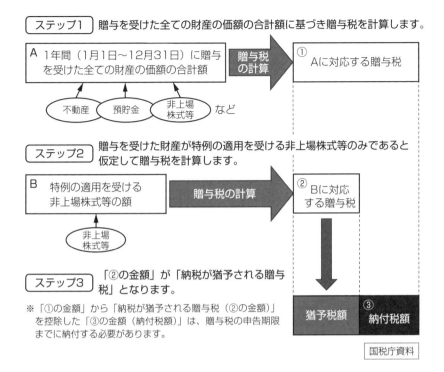

納税猶予分の贈与税額の計算は上記のように暦年課税のみに行われていたが、平成29年改正により相続時精算課税も選択できる見直しが行われていることから、詳細は「Ⅶ平成29年度改正項目」を参照されたい（108頁）。

5 適用を受けるための手続

(1) 期限内申告書の提出

本特例（贈与税の納税猶予制度）の適用を受けるためには、本特例の適用を受ける旨を記載した贈与税の申告書をその申告期限までに提出するとともに、その申告書に本特例の適用を受ける非上場株式等の明細や納税猶予分の贈与税額の計算書など一定の事項を記載した書類を添付する必要がある（措法70の7①・⑧）。

(2) 担保の提供

上記 (1) の申告書の提出期限までに、納税猶予税額及び利子税の額に見合う担保を提供する必要がある（措法70の7①）。

第1章 一般措置における事業承継税制の仕組み　61

なお、本特例の適用を受ける非上場株式等のすべてを担保として提供した場合には、非上場株式等納税猶予税額及び利子税の額に見合う担保の提供があったものとみなされる（措法70の7⑥、措令40の8③・④、措規23の9②）。

6　納税猶予期間中の手続

(1)　継続届出書の提出

　本特例の適用を受ける経営承継受贈者は、申告期限の翌日から猶予中贈与税額の全部につき納税の猶予に係る期限が確定する日までの間に経営贈与報告基準日が存する場合には、届出期限（第1種贈与基準日の翌日から5月を経過する日及び第2種贈与基準日の翌日から3月を経過する日をいう）までに、引き続いて本特例の適用を受けたい旨及び認定贈与承継会社の経営に関する事項等を記載した届出書（以下「継続届出書」という）に認定贈与承継会社の定款の写し等の書類を添付して納税地の所轄税務署長に提出しなければならない（措法70の7⑨、措令40の8㊱）。

(2)　継続届出書未提出の場合

　継続届出書が届出期限までに納税地の所轄税務署長に提出されない場合には、届出期限における猶予中贈与税額に相当する贈与税については、その届出期限の翌日から2月を経過する日をもって納税の猶予に係る期限とされる（措法70の7⑪）。

(3)　担保の変更の命令違反等の場合の納税猶予期限の繰上げ

　税務署長は、次に掲げる場合には、猶予中贈与税額に相当する贈与税に係る納税の猶予に係る期限を繰り上げることができる（措法70の7⑫）。

①　経営承継受贈者が前記5 (2)の担保について担保変更命令（通法51①）に応じない場合

②　提出された継続届出書に記載された事項と相違する事実が判明した場合

7　経営贈与承継期間内における納税猶予に係る期限の全部確定

　経営贈与承継期間内（5年以内）に、本特例の適用を受ける経営承継受贈者又は認定贈与承継会社について、次に掲げる場合などに該当することとなったときには、そ

62　Ⅲ　贈与税の納税猶予制度の仕組み

れぞれ次に定める日から2月を経過する日が納税猶予に係る期限の全部確定（納税猶予の全部取消し）となる（措法70の7③）。

経営贈与承継期間内における猶予税額の期限確定事由	猶予に係る期限
① **代表権を有しないこととなった場合** 　経営承継受贈者がその有する特例受贈非上場株式等に係る認定贈与承継会社の代表権を有しないこととなった場合（代表権を有しないこととなったことについて財務省令で定めるやむを得ない理由がある場合を除く）	有しないこととなった日
② **常時使用従業員要件を満たさなくなった場合** 　第1種贈与基準日において特例受贈非上場株式等に係る認定贈与承継会社の常時使用従業員の数が常時使用従業員の雇用が確保されているものとして定める数を下回る数となった場合	第1種贈与基準日
③ **筆頭株主グループ要件を満たさなくなった場合** 　経営承継受贈者及び経営承継受贈者と政令で定める特別の関係がある者の有する議決権の数（特例受贈非上場株式等に係る認定贈与承継会社の非上場株式等に係るものに限る）の合計が認定贈与承継会社の総株主等議決権数の50％以下となった場合	50％以下となった日
④ **グループ内筆頭株主要件を満たさなくなった場合** 　経営承継受贈者と上記③に規定する政令で定める特別の関係がある者のうちいずれかの者が、経営承継受贈者が有する特例受贈非上場株式等に係る認定贈与承継会社の非上場株式等に係る議決権の数を超える数の非上場株式等に係る議決権を有することとなった場合	その有することとなった日
⑤ **特例受贈非上場株式等の一部の譲渡等を行った場合** 　経営承継受贈者が特例受贈非上場株式等の一部の譲渡又は贈与（以下「譲渡等」という）をした場合	譲渡等をした日
⑥ **特例受贈非上場株式等の全部の譲渡等をした場合** 　経営承継受贈者が特例受贈非上場株式等の全部の譲渡等をした場合（特例受贈非上場株式等に係る認定贈与承継会社が株式交換又は株式移転により他の会社の株式交換完全子会社等となった場合を除く）	譲渡等をした日
⑦ **会社分割又は組織変更した場合** 　会社分割又は組織変更をした場合	会社分割又は組織変更がその効力を生じた日
⑧ **解散した場合** 　特例受贈非上場株式等に係る認定贈与承継会社が解散をした場合（合併により消滅する場合を除く）又は会社法その他の法律の規定により解散をしたものとみなされた場合	解散をした日又はそのみなされた解散の日
⑨ **資産管理会社に該当することとなった場合** 　特例受贈非上場株式等に係る認定贈与承継会社が資産保有型会社又は資産運用型会社のうち政令で定めるものに該当することとなった場合	その該当することとなった日
⑩ **総収入金額が零となった場合** 　特例受贈非上場株式等に係る認定贈与承継会社の事業年度における総収入金額が零となった場合	事業年度終了の日

第1章　一般措置における事業承継税制の仕組み　63

事由	猶予に係る期限
⑪ 資本金の額等の減少をした場合 　特例受贈非上場株式等に係る認定贈与承継会社が、会社法の規定により資本金の額の減少をした場合又は準備金の額の減少をした場合（同法その他これに類する場合として財務省令で定める場合を除く）	資本金の額の減少又は準備金の額の減少がその効力を生じた日
⑫ 本特例の適用を受けないことになった場合 　経営承継受贈者が本特例の適用を受けることをやめる旨を記載した届出書を納税地の所轄税務署長に提出した場合	届出書の提出があつた日
⑬ 合併により消滅した場合 　特例受贈非上場株式等に係る認定贈与承継会社が合併により消滅した場合（合併により認定贈与承継会社に相当するものが存する場合として財務省令で定める場合（適格合併）を除く）	合併がその効力を生じた日
⑭ 株式交換等をした場合 　特例受贈非上場株式等に係る認定贈与承継会社が株式交換等により他の会社の株式交換完全子会社等となった場合（株式交換等により認定贈与承継会社に相当するものが存する場合として財務省令で定める場合（適格株式交換等）を除く）	株式交換等がその効力を生じた日
⑮ 非上場株式等に該当しなくなった場合 　特例受贈非上場株式等に係る認定贈与承継会社の株式等が非上場株式等に該当しないこととなった場合	その該当しないこととなった日
⑯ 風俗営業会社に該当することとなった場合 　特例受贈非上場株式等に係る認定贈与承継会社又は認定贈与承継会社と政令で定める特別の関係がある会社が風俗営業会社に該当することとなった場合	その該当することとなった日
⑰ 円滑な事業の運営に支障を及ぼすおそれがある場合 　上記に掲げる場合のほか、経営承継受贈者による特例受贈非上場株式等に係る認定贈与承継会社の円滑な事業の運営に支障を及ぼすおそれがある場合として政令で定める場合	政令で定める日

　なお、上記⑰の政令で定める日とは、次に掲げる場合の区分に応じそれぞれに定める日とする（措令40の8㉕）。

経営贈与承継期間内における猶予税額の期限確定事由	猶予に係る期限
① 種類株式所有者要件 　特例受贈非上場株式等に係る認定贈与承継会社が発行する会社法108条1項8号に掲げる事項について定めがある種類（黄金株）の株式を認定贈与承継会社に係る経営承継受贈者以外の者が有することとなったとき	その有することとなった日
② 非議決権制限株式要件（株式会社の場合） 　特例受贈非上場株式等に係る認定贈与承継会社が特例非上場株式等の全部又は一部の種類を株主総会において議決権を行使することができる事項につき制限のある株式に変更した場合	その変更した日

③ **非議決権制限株式要件（持分会社の場合）** 特例受贈非上場株式等に係る認定贈与承継会社が定款の変更により認定贈与承継会社に係る経営承継受贈者が有する議決権の制限をした場合		その制限をした日
④ **代表権再取得要件** 特例受贈非上場株式等に係る贈与者が特例受贈非上場株式等に係る認定贈与承継会社の代表権を取得することとなった場合		その有することとなった日

8 経営贈与承継期間内における納税猶予に係る期限の一部確定

　経営贈与承継期間内（5年以内）に、本特例の適用を受ける経営承継受贈者又は特例受贈非上場株式等に係る認定贈与承継会社について、次の左欄に掲げる場合に該当することとなった場合には、納税猶予に係る期限の一部確定（納税猶予の一部取消し）となり、中欄に掲げる金額に相当する贈与税について、右欄に掲げる日から2月を経過する日までに納付しなければならない（措法70の7④）。

経営贈与承継期間内における 猶予税額の期限確定事由	確定贈与税額	猶予に 係る期限
認定贈与承継会社が適格合併をした場合又は適格交換等をした場合において、特例受贈非上場株式等に係る経営承継受贈者が、適格合併をした場合又は適格交換等をした場合における株式交換等に際して、吸収合併存続会社等及び他の会社の株式等以外の金銭その他の資産の交付を受けたとき。	猶予中贈与税額のうち、金銭その他の資産の額に対応する部分の額として政令で定めるところにより計算した金額	合併又は株式交換等がその効力を生じた日

　本規定は、平成27年度改正により見直しが行われているため、改正内容は、「Ⅵ平成27年度改正項目」を参照されたい（103頁）。

9 経営贈与承継期間後における納税猶予に係る期限の確定

　経営贈与承継期間の末日の翌日から猶予中贈与税額に相当する贈与税の全部につき納税の猶予に係る期限が確定する日までの間において、本特例の適用を受ける経営承継受贈者又は特例受贈非上場株式等に係る認定贈与承継会社について次の左欄に掲げる場合に該当することとなった場合には、それぞれの中欄に掲げる金額に相当する贈与税について、それぞれの右欄に掲げる日から2月を経過する日までに納付しなければなれ

第1章　一般措置における事業承継税制の仕組み　65

ばならない（措法 70 の 7 ⑤、措令 40 の 8 ㉗〜㉛）。

期限確定事由	納付すべき猶予中贈与税額	猶予に係る期限
① 次に掲げる場合		
イ 特例受贈非上場株式等の全部の譲渡等をした場合	猶予中贈与税額	譲渡等をした日
ロ 解散した場合	猶予中贈与税額	解散をした日等
ハ 資産管理会社に該当することとなった場合	猶予中贈与税額	その該当することとなった日
ニ 総収入金額が零となった場合	猶予中贈与税額	事業年度終了の日
ホ 資本金の額等の減少をした場合	猶予中贈与税額	資本金の額の減少等がその効力を生じた日
ヘ 本特例の適用を受けないことになった場合	猶予中贈与税額	届出書の提出があった日
② 経営承継受贈者が特例受贈非上場株式等の一部の譲渡等した場合	猶予中贈与税額のうち、譲渡等をした特例受贈非上場株式等の数又は金額に対応する部分の額として政令で定めるところにより計算した金額	譲渡等をした日
③ 認定贈与承継会社が合併により消滅した場合	猶予中贈与税額（合併に際して吸収合併存続会社等の株式等の交付があった場合には、株式等の価額に対応する部分の額として政令で定めるところにより計算した金額を除く）	合併がその力を生じた日
④ 認定贈与承継会社が株式交換等により他の会社の株式交換完全子会社等となった場合	猶予中贈与税額（株式交換等に際して他の会社の株式等の交付があつた場合には、その株式等の価額に対応する部分の額として政令で定めるところにより計算した金額を除く）	株式交換等がその効力を生じた日
⑤ 認定贈与承継会社が会社分割をした場合（会社分割に際して吸収分割承継会社等の株式等を配当財産とする剰余金の配当があった場合に限る）	猶予中贈与税額のうち、会社分割に際して認定贈与承継会社から配当された吸収分割承継会社等の株式等の価額に対応する部分の額として政令で定めるところにより計算した金額	会社分割がその効力を生じた日
⑥ 認定贈与承継会社が組織変更をした場合（組織変更に際して認定贈与承継会社の株式等以外の財産の交付があった場合に限る）	猶予中贈与税額のうち、組織変更に際して認定贈与承継会社から交付された認定贈与承継会社の株式等以外の財産の価額に対応する部分の額として政令で定めるところにより計算した金額	組織変更がその効力を生じた日

10 猶予税額が免除される場合

(1) 経営承継受贈者の死亡等による猶予税額の免除

本特例の適用を受ける経営承継受贈者が次のいずれかに掲げる場合に該当することとなったときには、次に定める贈与税が免除される（措法70の7⑮、措令40の8㊳・㊴）。

免除の該当事由	免除される猶予中贈与税額
① 経営承継受贈者が死亡した場合	猶予中贈与税額に相当する贈与税
② 贈与者が死亡した場合	猶予中贈与税額に次の割合を乗じて計算した金額に相当する贈与税 $$\frac{\text{贈与した特例受贈非上場株式等の数又は金額}}{\text{死亡の直前における特例受贈非上場株式等の数又は金額額}}$$
③ 経営贈与承継期間（5年間）の末日の翌日以後に、経営承継受贈者が特例受贈非上場株式等につき本特例の適用に係る贈与をした場合	猶予中贈与税額に次の割合を乗じて計算した金額に相当する贈与税 $$\frac{\text{贈与した特例受贈非上場株式等（左記の適用を受けるものに限る）の数又は金額}}{\text{贈与の直前における特例受贈非上場株式等の数又は金額}}$$

(2) 経営贈与承継期間経過後における猶予税額の免除

本特例の適用を受ける経営承継受贈者又は特例受贈非上場株式等に係る認定贈与承継会社が、次のいずれかに掲げるケースに該当することとなった場合において、経営承継受贈者は、それぞれに定める贈与税の免除を受けようとするときは、その該当することとなった日から2月を経過する日までに、その免除を受けたい旨、免除を受けようとする贈与税に相当する金額（以下「免除申請贈与税額」という）及びその計算の明細その他の財務省令で定める事項を記載した申請書を納税地の所轄税務署長に提出しなければならない（措法70の7⑯）。

第1章 一般措置における事業承継税制の仕組み 67

免除申請に係る該当事由	免除申請贈与税額
① **特例受贈非上場株式等の全部を譲渡した場合** 　経営贈与承継期間の末日の翌日以後に、経営承継受贈者が特例受贈非上場株式等に係る認定贈与承継会社の非上場株式等の全部の譲渡等をした場合において、次の**イ**に掲げる金額の合計額が譲渡等の直前における猶予中贈与税額に満たないとき	猶予中贈与税額から次の**イ**に掲げる金額の合計額（(a)+(b)）を控除した残額に相当する贈与税
② **破産手続開始の決定等があった場合** 　経営贈与承継期間の末日の翌日以後に、特例受贈非上場株式等に係る認定贈与承継会社について破産手続開始の決定又は特別清算開始の命令があつた場合	次の**ロ**に掲げる金額から**イ**(b)に掲げる金額を控除した残額に相当する贈与税
③ **合併により消滅した場合** 　経営贈与承継期間の末日の翌日以後に、特例受贈非上場株式等に係る認定贈与承継会社が合併により消滅した場合において、次の**ハ**に掲げる金額の合計額が合併がその効力を生ずる直前における猶予中贈与税額に満たないとき	猶予中贈与税額から次の**ハ**と**イ**(b)の合計額を控除した残額に相当する贈与税
④ **他の会社の株式交換完全子会社等になった場合** 　経営贈与承継期間の末日の翌日以後に、特例受贈非上場株式等に係る認定贈与承継会社が株式交換等により他の会社の株式交換完全子会社等となった場合において、次の**ニ**掲げる金額の合計額が株式交換等がその効力を生ずる直前における猶予中贈与税額に満たないとき	猶予中贈与税額から次の**ニ**と**イ**(b)の合計額を控除した残額に相当する贈与税

イ　特例受贈非上場株式等の全部を譲渡等した場合

　上表①の**イ**に掲げる金額は、次の(a)と(b)の合計額をいい、この場合における免除申請贈与税額は、次のように計算する。

(a)　譲渡等があった時における譲渡等をした特例受贈非上場株式等の時価に相当する金額として財務省令で定める金額（財務省令で定める金額が譲渡等をした特例受贈非上場株式等の譲渡等の対価の額より小さい金額である場合には、譲渡等の対価の額）

(b)　譲渡等があった日以前5年以内において、経営承継受贈者及び経営承継受贈者と生計を一にする者が、認定贈与承継会社から受けた剰余金の配当等の額その他認定贈与承継会社から受けた金額として政令で定めるものの合計額は、免除申請贈与税額から除かれる（下記**ロ**から**ニ**において同じ）。

$$免除申請贈与税額 = \begin{pmatrix} 譲渡等直前の \\ 猶予中贈与税額 \end{pmatrix} - ((a) + (b))$$

　また、具体的な計算は、次のようになる。

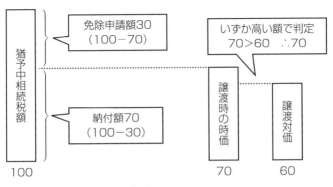

ロ　破産手続開始の決定等があった場合

　上表②の**ロ**に掲げる金額は、次の(c)の金額をいい、この場合における免除申請贈与税額は、次のように計算する。

(c)　認定贈与承継会社の解散（会社法その他の法律の規定により解散をしたものとみなされる場合の解散を含む）の直前における猶予中贈与税額

$$\text{免除申請贈与税額} = (\text{(c)} - \text{上記の\textbf{イ}(b)})$$

ハ　合併により消滅した場合

　上表③の**ハ**に掲げる金額は、次の(d)と上記**イ**(b)の合計額をいい、この場合における免除申請贈与税額は、次のように計算する。

(d)　合併がその効力を生ずる直前における特例受贈非上場株式等の時価に相当する金額として財務省令で定める金額（財務省令で定める金額が合併対価の額より小さい金額である場合には、合併対価の額）

$$\text{免除申請贈与税額} = \begin{pmatrix} \text{合併の効力が生ずる直前の} \\ \text{猶予中贈与税額} \end{pmatrix} - (\text{(d)} + \textbf{イ}\text{(b)})$$

ニ　他の会社の株式交換完全子会社等となった場合

　上表④の**ニ**に掲げる金額は、次の(e)と上記**イ**(b)の合計額をいい、この場合における免除申請贈与税額は、次のように計算する。

(e)　株式交換等がその効力を生ずる直前における特例受贈非上場株式等の時価に相当する金額として財務省令で定める金額（財務省令で定める金額が交換等対価の額より小さい金額である場合には、交換等対価の額）

$$免除申請贈与税額 = \begin{pmatrix} 株式交換の効力が生ずる直前の \\ 猶予中贈与税額 \end{pmatrix} - ((e) + イの(b))$$

11　その他の取扱い

（1）　他の納税猶予制度との重複適用の排除

　経営承継受贈者が、認定贈与承継会社に係る株式等について、本特例の適用を受けようとする場合において、経営承継受贈者以外の者が認定贈与承継会社と同一の会社の株式等について、非上場株式等についての贈与税の納税猶予（措法70の7①）、非上場株式等についての相続税の納税猶予（措法70の7の2①）又は非上場株式等の贈与者が死亡した場合の相続税の納税猶予（措法70の7の4①）のいずれかの規定の適用を受けているときは、本特例の適用を受けることができない（措法70の7⑦）。

（2）　同族会社等の行為又は計算の否認等の規定の準用

　相続税法64条（同族会社等の行為又は計算の否認等）1項及び4項の規定は、本特例の規定の適用を受ける経営承継受贈者若しくは経営承継受贈者に係る被相続人又はこれらの者と特別の関係がある者の相続税又は贈与税の負担が不当に減少する結果となると認められる場合について準用される（措法70の7⑭）。

（3）　利子税

　本特例の適用を受けた経営承継受贈者は、納税猶予税額の全部または一部を納付する場合には、納付する税額を基礎とし、贈与税の申告書の提出期限の翌日から納税の猶予の期間に応じ、年3.6％の割合を乗じて計算した金額に相当する利子税をあわせて納付しなければならない（措法70の7㉗）。

　なお、利子税の計算は平成25年度改正により見直しが行われていることから、改正後の計算は、「Ⅴ平成25年度改正項目」を参照されたい（89頁）。

（4）　認定贈与承継会社に該当しない会社

　特例受贈非上場株式等に係る認定贈与承継会社が、一般措置の規定の適用を受けようとする経営承継受贈者及び経営承継受贈者と政令で定める特別の関係がある者から

70　　Ⅲ　贈与税の納税猶予制度の仕組み

現物出資又は贈与により取得をした資産（贈与前3年以内に取得をしたものに限り、次の②において「現物出資等資産」という）がある場合において、贈与があった時における次の①に掲げる金額に対する次の②に掲げる金額の割合が70％以上であるときは、経営承継受贈者については、本特例は適用されない（措法70の7㉙）。

① 認定贈与承継会社の資産の価額の合計額

② 現物出資等資産の価額（認定贈与承継会社が贈与があった時において現物出資等資産を有していない場合には、贈与があった時に有しているものとしたときにおける現物出資等資産の価額）の合計額

$$\text{非適用会社} = \frac{\text{②　現物出資等資産の価額（時価）}}{\text{①　認定贈与承継会社の資産の価額（時価）}} \times 100 \geqq 70\%$$

なお、上記の認定贈与承継会社の資産の価額及び現物出資等資産の価額とは、贈与があった時における財産評価基本通達の定めにより計算した価額をいう（措通70の7-50）。

Q&A⑰　贈与者の相続の開始に伴い遺留分減殺請求がなされた場合の贈与税の納税猶予の特例関係

Q 子Aは、父から認定贈与承継会社に係る非上場株式等の贈与を受け、適法に贈与税の納税猶予の特例の適用を受けていたが、贈与者である父が死亡したため、特例の適用を受けていた猶予中贈与税額に相当する贈与税について免除届出書等必要な書類を提出し、免除された。

ところで、贈与者である父の死亡に係る遺産の相続に関し、子Aに対し遺留分権利者である子Bから遺留分の減殺請求がなされ、子Aは亡くなった父から贈与を受けた特例受贈非上場株式等の一部を子Bに返還した。

この場合に、子Aが子Bに対し特例受贈非上場株式等の一部を返還することにより、子Aが適用を受けていた贈与税の納税猶予の特例について、租税特別措置法70条の7第1項に規定する特例の対象となる贈与に係る要件を満たさないこととして、遡及して取り消されることになるのか。

また、子Aが特例受贈非上場株式等を子Bに返還したことにより、当初の贈与税の申告における課税価格及び贈与税額が過大となったときは、子Aは、相続税法32条3号の規定に基づき更正の請求をすることができるのか。

A 子Ａが適法に受けていた贈与税の納税猶予の特例の適用について、特例適用時に遡及して取り消されることはない。

なお、子Ａは、特例受贈非上場株式等を子Ｂに返還したことにより、当初の贈与税の申告に係る課税価格及び贈与税額が過大となったときは、相続税法32条3号の規定に基づき更正の請求をすることができる。

(注1) 子Ａが贈与者である父の死亡による相続又は遺贈に係る相続税の申告において租税特別措置法70条の7の4（贈与者が死亡した場合の相続税の納税猶予の特例）の規定の適用を受けている場合には、遺留分の減殺請求があったことにより、子Ａは遺留分権利者である子Ｂに対し返還した特例相続非上場株式等を有しないこととなるため、その返還した株式等に係る特例相続非上場株式等は、贈与者が死亡した場合の相続税の納税猶予の特例の対象とならない。したがって、子Ａは、特例相続非上場株式等を返還したことにより、父の死亡による相続又は遺贈に係る相続税の申告における課税価格及び相続税額が過大となったときは、相続税法32条3号の規定に基づき、相続税の申告について更正の請求をすることができる。

(注2) 特例受贈非上場株式等の返還によらず、現金等価額による弁償があった場合も上記と同様である。

【解説】

Q は、子Ａが亡父から受けた生前贈与に対して遺留分権利者が減殺請求権を行使したものであるが、判例に沿って整理した場合、遺留分の減殺請求があったことにより遺留分権利者である子Ｂに対し返還した特例受贈非上場株式等は、その返還時にいったん遡及的に贈与者である父の所有に帰属するものではないと考えることが適当であることから、子Ａが適用を受けていた贈与税の納税猶予の特例について、遡及して租税特別措置法70条の7第1項に規定する特例の対象となる贈与の要件を満たしていたかどうかを判定する必要はないものと考えられる。

したがって、子Ａが適法に受けていた贈与税の納税猶予の特例の適用については、特例適用時に遡及して取り消されることはない。

※ 上記は「情報」の問41を参考にして記述している。

Ⅳ

贈与者(先代経営者)が死亡した場合の取扱い

1 贈与者が死亡した場合の相続税の課税の特例

(1) 相続により取得したものとみなされる特例受贈非上場株式等

　贈与税の納税猶予制度の適用を受ける経営承継受贈者に係る贈与者（先代経営者）が死亡した場合には、贈与者の死亡による相続又は遺贈に係る相続税については、経営承継受贈者が贈与者から相続（経営承継受贈者が贈与者の相続人以外の者である場合には遺贈）により贈与税の納税猶予制度の適用を受ける特例受贈非上場株式等の取得をしたものとみなす（措法70の7の3①前段）。

(2) 相続税の課税価格に算入すべき特例受贈非上場株式等の価額

　上記（1）において、その死亡による相続又は遺贈に係る相続税の課税価格の計算の基礎に算入すべき特例受贈非上場株式等の価額については、贈与税の納税猶予制度の適用に係る贈与により取得をした特例受贈非上場株式等の贈与の時における価額を基礎として計算する（措法70の7の3①後段）。

2 贈与者が死亡した場合の相続税の納税猶予制度への移行

(1) 制度の概要

　上記１の贈与者（先代経営者）が死亡した場合の相続税の課税の特例の規定により、贈与者から相続又は遺贈により取得をしたものとみなされた特例受贈非上場株式等につき、相続税の納税猶予制度の適用を受けようとする経営相続承継受贈者が、相続税の申告書の提出により納付すべき相続税の額のうち、特例受贈非上場株式等（認定相続承継会社の株式等に限る）で相続税の申告書に相続税の納税猶予制度の適用を受けようとする旨の記載があるもの（相続の開始の時における特例受贈非上場株式等に係る認定相続承継会社の発行済株式又は出資（議決権に制限のない株式等に限る）の総

第1章　一般措置における事業承継税制の仕組み　*73*

数又は総額の3分の2に達するまでの部分として政令で定めるものに限る（「特例相続非上場株式等」という））に係る納税猶予分の相続税額に相当する相続税については、相続税の申告書の提出期限までに相続税の申告書を提出するとともに、納税猶予分の相続税額に相当する担保を提供した場合に限り、相続税法の納付の規定（相法33）にかかわらず、経営相続承継受贈者の死亡の日まで、その納税が猶予される（措法70の7の4①）。

（2）　適用を受けるための要件

本特例の適用を受けるための「認定相続承継会社」及び「経営相続承継受贈者」等の要件は、基本的には、前記Ⅲ（54頁〜72頁参照）と同様である（措法70の7の4②一・三他）。

（3）　適用を受けるための手続

本特例の適用を受けるためには、前記Ⅱ6（32頁〜37頁参照）と同様に、適用を受けようとする経営相続承継受贈者が提出する相続税の申告書に、特例受贈非上場株式等の全部又は一部につき、本特例の適用を受けようとする旨を記載し、特例受贈非上場株式等の明細及び納税猶予分の相続税額の計算に関する明細等を記載した書類を添付しなければならない（措法70の7の4⑦）。

（4）　納税猶予期間中の手続

本特例の適用を受ける経営相続承継受贈者は、前記Ⅱ7（37頁〜39頁参照）と同様に、申告期限の翌日から猶予中相続税額の全部につき、納税の猶予に係る期限が確定する日までの間に経営相続報告基準日が存する場合には、届出期限までに、引き続いて本特例の適用を受けたい旨及び認定相続承継会社の経営に関する事項等を記載した届出書に認定相続承継会社の定款の写し等の書類を添付して納税地の所轄税務署長に提出しなければならない（措法70の7の4⑧）。

（5）　経営相続承継期間における納税猶予に係る期限の全部確定等

経営相続承継期間内（5年以内）に、本特例の適用を受ける経営相続承継受贈者又は認定相続承継会社について、一定の場合に該当することとなったときには（前記Ⅱ8・9　39頁〜43頁参照）、それぞれ定める日から2月を経過する日が納税猶予に係る

74　Ⅳ　贈与者（先代経営者）が死亡した場合の取扱い

期限の全部確定（納税猶予の全部取消し）又は納税猶予に係る期限の一部確定（納税猶予の一部取消し）になる（措法70の7の4③）。

（6） 経営相続承継期間後における納税猶予に係る期限の確定等

経営相続承継期間の末日の翌日から猶予中相続税額に相当する相続税の全部につき納税の猶予に係る期限が確定する日までの間において、本特例の適用を受ける経営相続承継受贈者又は特例相続非上場株式等に係る認定相続承継会社について、一定の場合に該当することとなったときには（前記Ⅱ **10** 43頁～44頁参照）、それぞれに掲げる金額に相当する相続税について、それぞれに掲げる日から2月を経過する日までに納付しなければならない（措法70の7の4③）。

猶予税額が免除される場合についても、前記Ⅱ **11**（44頁～48頁参照）と同様である（措法70の7の4③）。

第1章　一般措置における事業承継税制の仕組み　　75

V

平成 25 年度改正項目

1　改正の背景

　一般措置における事業承継税制（相続税及び贈与税の納税猶予制度）は、平成 21 年度創設以来、適用件数が 500 件程度であり、その活用が進んでいない状況にあった。

　そのため、一般措置の活用促進を図る観点から、平成 25 年度改正により大幅な緩和措置が設けられることになった。

2　改正の概要

　より多くの中小企業が活用できるようにし、また、安心して制度を利用できるようにするため、手間暇を少なくし、使い勝手の良い制度にすることを目指し、以下の見直しが行われた。

---

(1)　制度の名称変更

(2)　事前確認制度の廃止

(3)　後継者の親族間要件の廃止

(4)　先代経営者の役員退任要件の緩和

(5)　雇用確保要件の緩和

(6)　納税猶予税額の再計算特例の創設

(7)　納税猶予税額の計算方法の見直し（相続税）

(8)　利子税の負担軽減

(9)　提出書類の簡略化

(10)　担保提供手続の簡素化

(11)　納税猶予税額に対する延納・物納の利用

(12)　資産管理会社の要件の適正化

---

(13) 取消事由とされる総収入金額の算定方法の見直し
(14) 計算除外の特例措置に係る対象株式等の追加
(15) みなし配当課税に係る特例措置の拡充

3 改正の内容

(1) 制度の名称変更

① 名称変更の背景

　相続税及び贈与税の納税猶予制度について、納税が猶予されるに過ぎない制度であり、最終的には免除されない制度であると誤解している中小企業オーナーが少なくないことがアンケート調査（公益財団法人全国法人会総連合が実施）で判明した。

　そのため、本制度の最大のメリットである「免除」を制度名に具現化することはイメージアップにつながり、有効かつ適切な活用促進策であるとの判断から、平成27年1月1日以後に名称変更が行われた。

② 名称変更された法律

　相続税及び贈与税の非上場株式等に係る納税猶予制度について、次の規定に納税猶予だけでなく「免除」も明記された（下線部分が見直し）。

<改正前>

措法70の7	非上場株式等についての贈与税の納税猶予
措法70の7の2	非上場株式等についての相続税の納税猶予
措法70の7の4	非上場株式等の贈与者が死亡した場合の相続税の納税猶予

<改正後>

措法70の7	非上場株式等についての贈与税の納税猶予及び免除
措法70の7の2	非上場株式等についての相続税の納税猶予及び免除
措法70の7の4	非上場株式等の贈与者が死亡した場合の相続税の納税猶予及び免除

(2)　事前確認制度の廃止

①　事前確認制度創設の背景

　中小企業の事業承継を円滑に進めるためには、相続発生後の後継者争いを未然に防止する等の観点から、現経営者が生前に後継者を確定し、計画的に後継者に承継する仕組みが重要と考えられることから、円滑化法に規定する事前確認制度が設けられていた（円滑化省令16①）。

②　事前確認制度の課題

　事前確認制度は一定の効果はあったが、次の課題があった。

イ　経営者が突然死亡した場合

　不慮の事故等で経営者が突然亡くなった場合には、非上場株式等に係る納税猶予制度の適用が受けられないなど、制度の利用を阻害する面がある。

ロ　株式贈与の場合

　株式贈与は、計画的に行われるのが一般的であり、事前確認手続きの存在は計画的な事業承継の取組推進の効果よりも二重の手間になっている面が大きい。

③　事前確認制度の廃止

　上記②の課題があったため、平成25年度改正により平成25年4月1日以後は相続税及び贈与税について非上場株式等に係る納税猶予制度の適用を受けるに際し、事前確認制度が廃止された（旧措規23の9⑧・⑪、23の10①・②・⑧・⑨、旧円滑化省令6①七ト(4)・(6)、八ト(3)・(5)）。

　なお、経済産業大臣の認定を受けるための要件としての事前確認制度は廃止されたが、事前確認制度自体は経済産業大臣の指導・助言の一環として存続している。

④　前倒し適用

　事前確認制度の廃止が決まっているにもかかわらず、平成27年1月1日前において、先代経営者が突然死等の偶発的な事象が発生した場合に、事業承継税制の適用が認められないこととなるのは合理的でなく早急に廃止すべきと考えられることから、事業承継税制の見直し全体について施行を予定している平成27年1月1日を待たず、事前確認制度の廃止は平成25年4月1日以後に受ける認定について適用されることになった。

（3） 後継者の親族間要件の廃止

① 要件廃止の背景

　事業承継税制の創設当時は、多くの中小企業者が親族への承継を希望していたこと及び親族外への承継は有償で行われることが多かったこと等から、本税制は親族への事業承継に限定していた。

　その後、中小企業の後継者不足が叫ばれ、有能な人材を広く登用できるようにすることで中小企業の円滑な事業承継に資するという観点から、平成25年度改正により事業承継税制の適用を受けることができる後継者は、先代経営者の親族に限定されない見直しが行われることになった。

② 改正の内容

　平成27年1月1日以後は、後継者の要件のうち、非上場会社を経営していた被相続人の親族に限定される要件が廃止された（旧措法70の7②三イ、70の7の2②三イ、70の7の4②三イ）。

改正前	改正後
相続税及び贈与税の非上場株式等に係る納税猶予税度では、親族間承継要件がある。	平成27年1月1日以後、左記の要件が廃止された。

（4） 先代経営者の役員退任要件の緩和

① 改正前制度における役員退任要件の概要

　改正前制度では、贈与税の納税猶予制度の適用を受ける場合には、先代経営者（贈与者）は、贈与時に代表者を含む役員を退任しなければならず（旧措令40の8①三）、退任後に再就任するときは代表者以外の役員（無給の場合に限定）であることが要件とされていた（旧措法70の7④十七、旧措令40の8㉕五）。

② 役員退任要件を設けた趣旨

　役員退任要件は、先代経営者が贈与時以後に役員として会社に残り経営権を行使し続ければ、後継者への事業承継が行われたことにならないため、それを防止するための措置として設けられた。

　他方、贈与後に会社の経営が危うくなった場合には、先代経営者の経営力等により会社の立て直しを図る余地を残しておくことが雇用確保等の観点から望ましいものであることから、先代経営者が無給であることを前提に会社経営に参画可能な規定としていた。

第1章　一般措置における事業承継税制の仕組み　79

③ 役員退任要件の課題

贈与税の納税猶予制度の適用を受ける場合には、先代経営者が代表者を退任しなければならず、また、再就任しても無給でなければならないことから、適用を躊躇する中小企業経営者が少なくなかったため、一般措置の活用促進を図る観点から平成25年度改正により見直しが行われた。

④ 改正の内容

贈与税の納税猶予制度について、次の改正が行われ、原則として平成27年1月1日以後の贈与について適用されている。

イ 贈与時における緩和措置

改正前制度では、先代経営者は後継者に非上場株式等の贈与時に役員を退任しなければならなかったが（旧措令40の8①三）、改正後は、先代経営者は贈与時に代表権を有していなければ役員等に留任することができることになった（措令40の8①一ハ）。

したがって、改正後は、先代経営者は非上場株式等の贈与後も平役員（給与支給も可能）として会社経営に継続して参画できることになった。

ロ 経営承継期間中の緩和措置

改正前制度では、贈与税の納税猶予の適用を受けている場合において、先代経営者が代表者以外の役員に再就任する場合において、給与の支給を受けると納税猶予期限の確定事由（猶予の取消し）とされていたが（旧措法70の7④十七、旧措令40の8㉕五）、改正後は、先代経営者が再就任に際し給与の支給を受けても確定事由に該当しないことになった（措法70の7③十七、措令40の8㉕四）。

なお、経営贈与承継期間中（5年間）に、先代経営者が代表者に再就任すれば有給・無給にかかわらず、納税猶予期限の確定事由（猶予の取消し）に該当する（措令40の8㉕四）。

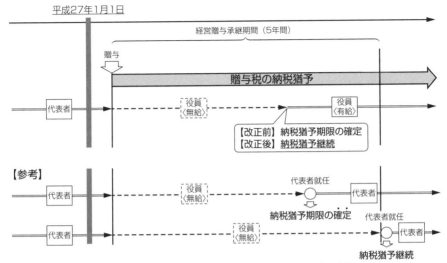

(5) 雇用確保要件の緩和

① 改正前制度における雇用確保要件の概要

　雇用確保要件は、事業承継税制の主目的である雇用確保という政策目的と中小企業の自由な経済活動を阻害しないという要請との調和の観点から、相続税及び贈与税の申告期限後5年間において、相続開始時又は贈与時の常時使用従業員数の8割が確保されていれば要件を満たすことになる。

② 改正の趣旨

　雇用確保という政策目的は維持しつつ、予測しがたい毎年の景気変動等の中小企業を取り巻く経済状況にも配慮する観点から、雇用確保要件の緩和が図られることになった。

③ 改正の内容

　平成25年度改正により、相続税及び贈与税の納税猶予の取消事由である雇用確保要件について、経済産業大臣（平成29年4月1日からは都道府県知事）の認定の有効期間（第1種基準日：5年間）における常時使用従業員数の平均値が、相続開始時又は贈与時における常時使用従業員数の80％を下回ることとなった場合に緩和された

（措法70の7③二・70の7の2③二・70の7の4③、措令40の8㉓・40の8の2㉘・40の8の4⑰）。

具体的には、次のよう第１種基準日のうち３年後に常時使用従業員数が80％を下回ったとしても、５年間平均で80％を維持していれば雇用確保要件を満たすことになった。

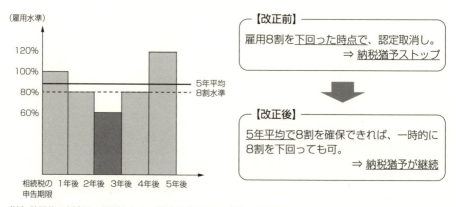

(6) 納税猶予税額の再計算特例の創設
① 制度創設の趣旨

会社が民事再生計画の認可決定等を経て事業再生を行う場合には、通常は会社資産が圧縮され株式の評価額も当初と比較して相当程度減少する。

事業承継税制に係る認定承継会社が民事再生法等の適用を受け、後継者が事業再生を図る場合には、納税猶予税額の納付が負担となり事業再生を断念する事態も想定されることから、平成25年度改正により後継者が行う事業再生を支援するための措置が設けられた。

② 制度の内容

　経営承継期間（5年間）の末日の翌日以後に、特例非上場株式等に係る認定承継会社等について民事再生計画の認可決定等があった場合において、認定承継会社等の資産評定が行われたときは、その認可決定等の日における特例非上場株式等の価額に基づき納税猶予税額を再計算し、再計算後の納税猶予税額（以下、「再計算猶予中相続（贈与）税額」という）を猶予税額として納税猶予が継続されることになり、当初の猶予税額から再計算猶予税額との差額は免除されることになった（措法70の7㉑、70の7の2㉒、70の7の4⑬）。

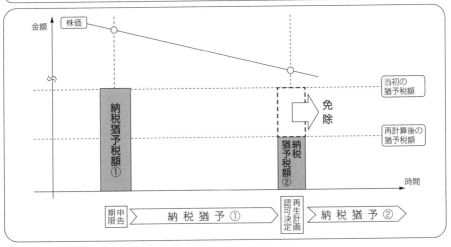

（注）1　上図は、当初の猶予税額について、一部確定がない場合である。
　　　2　認可決定日前5年以内に会社から支払われた配当等については、納付しなければならない。
　　　3　改正後の制度は、原則として、平成27年1月1日以後の相続若しくは遺贈又は贈与について適用する。

財務省資料

③ 再計算猶予中相続（贈与）税額の計算

　再計算猶予税額は、認可決定等の日における猶予中相続（贈与）税額に係る非上場株式等について、財産評価基本通達により算定した株式等の価額を基に納税猶予中相続（贈与）税額を計算する（措法70の7㉒、70の7の2㉓、70の7の4⑬）。

④ 再計算免除税額の計算

　再計算免除税額とは、当初の猶予税額から再計算猶予中相続（贈与）税額を控除した残額（認可決定等の日前5年以内に認定会社から受けた配当等を除く）をいう（措法70の7㉑、70の7の2㉒、70の7の4⑬）。

$$
\begin{array}{c}
再計算 \\
免除税額
\end{array}
=
\begin{array}{c}
猶予中相続 \\
（贈与）税額
\end{array}
-
\left(
\begin{array}{c}
再計算猶予中 \\
相続（贈与）税額
\end{array}
+
\begin{array}{c}
認可決定日等前5年 \\
以内に認定承継会社 \\
から受けた配当等
\end{array}
\right)
$$

⑤ 適用を受けるための手続

　再計算特例の適用を受けようとする後継者は、申請期限（認可決定日等から2月を経過する日）までに、次の事項を記載した申請書に認可決定があった再生計画等に関する一定書類を添付して、納税地の所轄税務署長に提出しなければならない（措法70の7㉓、70の7の2㉔、70の7の4⑬、措規23の9㊲・㊳、23の10㉟・㊱）。

　　・　再計算特例の適用を受けたい旨
　　・　再計算猶予中相続（贈与）税額とその計算明細
　　・　事情の明細等

⑥ 免除通知

　上記⑤の申請書の提出を受けた税務署長は、その申請書に記載された事項に基づき再計算特例に係る適用要件に該当するかどうかを調査し、再計算免除税額の正当性の確認等を行った上で、再計算免除税額の免除をし、又は申請書に係る却下を行う。

　この場合において、税務署長は申請書に係る申請期限の翌日から起算して6か月以内に、再計算免除税額又は申請を却下した旨及びその理由を記載した書面によって後継者に通知する（措法70の7㉔、70の7の2㉕、70の7の4⑬）。

(7)　納税猶予税額の計算方法の見直し（相続税）

① 改正前制度の課題

　改正前制度における相続税の納税猶予税額の計算方法は、相続税の課税価格から控除すべき被相続人の債務・葬式費用がある場合には、納税猶予の対象となる非上場株式等から先に控除することとされているため、控除額に対応する部分について納税猶予税額額が少なく計算されていた（旧措令40の8の2⑭・⑮）。

　そのため、平成25年度改正により、被相続人に債務・葬式費用があっても、相続税

の納税猶予税額が多くなるように、納税猶予の対象となる非上場株式等以外の部分から先に控除することとされた。

② 見直しの内容

相続税の納税猶予制度を適用する場合において、相続税の課税価格から控除すべき被相続人の債務・葬式費用があるときは、納税猶予税額の計算上、その被相続人の債務・葬式費用は特例非上場株式等以外の価額から控除することになった（措法70の7の2②五、70の7の4②四、措令40の8の2⑬・⑭、40の8の4⑧）。

③ 具体的な見直しの内容

イ 控除未済債務額がない場合

見直しにより、被相続人に債務・葬式費用があっても控除未済債務額がなければ、特例非上場株式等の価額の全額を基礎として猶予税額を計算することになる（債務等が控除されないため、改正前制度と比較して相続税の猶予税額が多くなる）（88頁の上表参照）。

ロ 控除未済債務額がある場合

見直し後において、控除未済債務額があれば、特例非上場株式等から控除未済債務額を控除した後の価額を基礎として相続税の猶予税額を計算することになるが、被相続人の債務・葬式費用はその他の財産から先に控除されるため、改正前制度と比較して相続税の猶予税額は多くなる（88頁の下表参照）。

④ 具体的な設例による相続税の猶予税額の計算

イ 設例

・ 被相続人の相続財産は、3億2,000万円とする。

・ 後継者以外の子Aが取得した財産は、1億5,000万円とする。

・ 後継者である子Bが取得した財産は1億7,000万円であり、その内訳は、納税猶予の適用を受ける甲社株式が1億2,000万円・他の財産が5,000万円とする。

・ 後継者である子Bが取得した甲社株式1億2,000万円は、発行済議決権株式のすべてであることから、適用対象株式は3分の2（1億2,000万円×2/3＝8,000万円）に制限される。

ロ 平成25年度改正前の相続税の猶予税額の計算

平成25年度改正前は、後継者が債務を引き継いだ場合には、その債務は適用対象株式から優先して控除した後に、猶予税額の計算する仕組みになっていた。

計算例1と計算例2は、後継者の課税価格は同額であるが、債務（3,000万円）を引

第1章 一般措置における事業承継税制の仕組み　85

き継いだか否かの相違があり、計算例2（猶予税額：835万円）のように後継者が債務を引き継ぐと、債務を引き継がなかった計算例1（猶予税額：1,251万円）と比較して、猶予税額が減少することになっていた（計算例1：1,251万円－計算例2：835万円＝416万円）。

八　平成25年度改正後の相続税の猶予税額の計算

　平成25年度改正後は、後継者が債務を引き継いだ場合には、その債務はを適用対象株式以外の財産から優先して控除することに見直しされたため、計算例1及び計算例2のいずれであっても、猶予税額は計算例1と同額になる仕組みに改められた（猶予税額：1,251万円）。

＜一般措置における相続税の猶予税額の計算（平成25年度改正前）＞

※　甲社株式　　　　　1億2,000万円（発行済議決権株式等のすべて）
※　一般措置適用株式　1億2,000万円×2／3＝8,000万円

計算例　1　（債務なし）			
項　目	総　額	子Ａ	子Ｂ（後継者）
甲社株式	1億2,000万円		1億2,000万円
他の財産	2億0,000万円	1億5,000万円	5,000万円
遺産総額	3億2,000万円	1億5,000万円	1億7,000万円
債　務			
課税価格	3億2,000万円	1億5,000万円	1億7,000万円
相続税額	7,720万円	3,619万円	4,101万円
猶予税額	△1,251万円		△1,251万円
納付税額	6,469万円	3,619万円	2,850万円

計算例　2　（債務　3,000万円）			
項　目	総　額	子Ａ	子Ｂ（後継者）
甲社株式	1億2,000万円		1億2,000万円
他の財産	2億3,000万円	1億5,000万円	8,000万円
遺産総額	3億5,000万円	1億5,000万円	2億0,000万円
債　務	△3,000万円		△3,000万円
課税価格	3億2,000万円	1億5,000万円	1億7,000万円
相続税額	7,720万円	3,619万円	4,101万円
猶予税額	△835万円		△835万円
納付税額	6,885万円	3,619万円	3,266万円

※　子Ｂ（後継者）の相続税額及び猶予税額の計算過程は、次頁の計算例1・計算例2を参照。

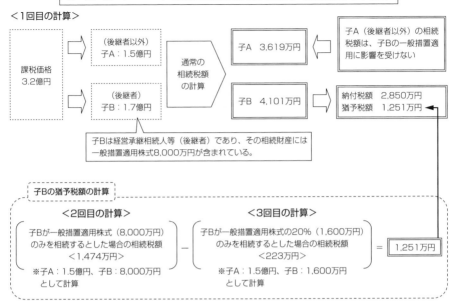

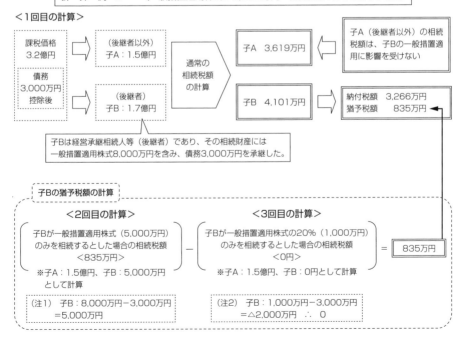

第1章 一般措置における事業承継税制の仕組み

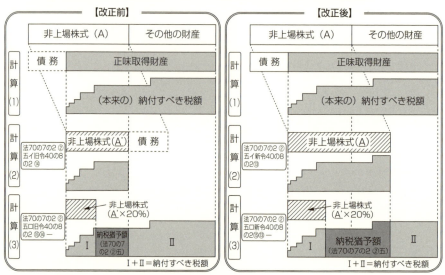

※改正後の制度は、年1月1日以後の相続又は遺贈について適用する。

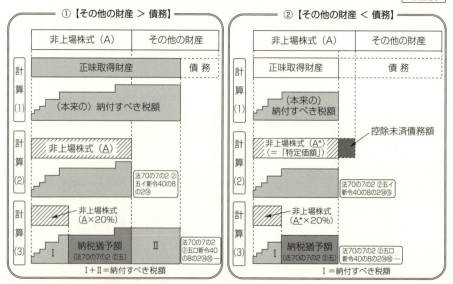

※改正後の制度は、平成27年1月1日相続又は遺贈について適用する。

財務省資料

(8) 利子税の負担軽減

① 改正前制度における利子税の課題

　相続税又は贈与税の納税猶予制度の適用を受けた後に、猶予期間が長期にわたる場合において、確定事由に該当し猶予が取り消されたときは利子税の負担が重くなってしまうことが、本制度の利用を躊躇する原因の1つになっていた。

　そのため、平成25年度改正では、本制度の適用を受ける後継者が各要件を満たし、事業を継続するインセンティブを与える観点から、経営承継期間（5年間）経過後に猶予税額の全部又は一部を納付する場合には、経営承継期間中（5年間）の利子税は免除されることになった。

② 利子税の負担軽減の内容

　相続税又は贈与税の申告期限から経営承継期間（5年間）経過後に納税猶予期限の確定事由に該当し、猶予の取り消しがあった場合において、納税猶予税額の全部又は一部を納付するときは、経営承継期間（5年間）の利子税が免除されることになった（措法70の7㉗、70の7の2㉘、70の7の4⑮）。

③ 負担軽減の具体例

　具体的には、次頁図表の【改正後】のように相続税又は贈与税の納税猶予制度の適用を受けた後、納税猶予額1億円を10年後に納付する場合には、経営承継期間である5年間の利子税は免除され、同期間経過後の5年間についてのみ利子税450万円が課されることになる。

④ 留意点

　利子税の負担軽減により5年間の利子税が免除されるケースは、経営承継期間（5年間）経過後に納税猶予の取消しにより猶予税額の全部又は一部を納付する場合に限られている。

　したがって、経営承継期間中（5年間）に納税猶予の取消しにより猶予税額の全部又は一部を納付する場合には、その経営承継期間の利子税は免除されない。

　また、次頁の図表のように10年後の猶予税額を納付する場合において免除される期間は5年間であり、すべての期間（10年間）の利子税が免除されるということではない。

第1章　一般措置における事業承継税制の仕組み　89

経営承継期間（5年間）に対応する利子税の免除（イメージ）　〔25年度改正〕

経営承継期間（5年間）経過後に猶予税額の全部又は一部を納付する場合については、当該期間中の利子税を課さない。

〈事例〉納税猶予税額1億円で、10年後には全部確定（納税猶予がストップ）した場合

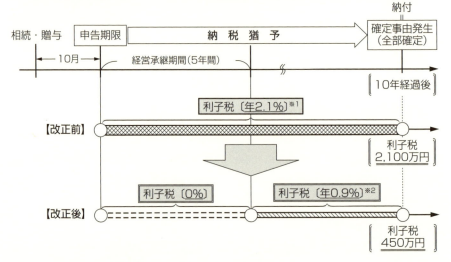

※1　措法93条による軽減後の割合（基準割引率が0.3％の場合）

⇒　本則3.6％×$\dfrac{0.3\%+4.0\%}{7.3\%}$＝2.1％　【改正前】

※2　措法93条による軽減後の割合（短期貸出平均利率が1％の場合）

⇒　本則3.6％×$\dfrac{1.0\%+1.0\%}{7.3\%}$＝0.9％　【改正後】

（注）1　確定事由が生じた日から2月を経過する日を経過する日を、納税猶予期限とする。
　　　2　改正後の制度は、原則として、平成27年1月1日以後の相続若しくは遺贈又は贈与について適用する。また利子税の軽減は、平成26年1月1日以後の期間に適用する。
　　　3　改正後の制度においても、経営承継期間内に確定事由が生じた場合には、納税猶予期限までの期間中の利子税（年0.9％）を納付しなければならない。

財務省資料

(9) 提出書類の簡素化

① 改正前の提出書類の課題

　相続税又は贈与税の納税猶予制度の適用を受けるためには、経済産業大臣への認定申請・年次報告書の提出及び税務署への申告書・継続届出書の提出が必要であり、経済産業局と税務署にそれぞれ同様の必要書類を提出することになっている。

同様の必要書類の提出すること等について、手続が煩雑であり見直しの要望があったため簡素化されることになった。

② 簡素化の内容

相続税又は贈与税の納税猶予制度の利用者の利便性を高める観点から、税務署への提出書類のうち経済産業局への提出書類と重複するものについては、原則として税務署への提出を不要とすることとされ、提出書類が大幅に簡素化された（措規23の9㉒・㉔、23の10⑳・㉒、23の12⑧・⑨）。

※　平成29年4月1日以後の提出分から、必要書類の提出先が各経済産業局から主たる事務所が所在する都道府県に変更されている。

（10） 担保提供手続の簡素化
① 改正前制度における担保提供手続の概要
イ　適用を受けるための担保提供

相続税又は贈与税の納税猶予制度の適用を受けるためには、納税猶予税額及び利子税相当額に相当する担保を提供する必要があるが、担保提供に際し、非上場株式等の全部を提供すると納税猶予期間中に担保割れになっても、納税猶予税額に相当する担保の提供があったものとみなされる（「みなす充足」）（措法70の7⑥、70の7の2⑥、70の7の4④）。

ロ　株式を担保提供する場合の手続

株式を担保として提供する場合には、株券を供託して供託書の正本を税務署に提出する必要があるため（通令16①）、株券不発行会社が適用を受けるためには、定款変更等を行い株券を発行する手続が必要になる（措法70の7①、旧措令40の8③等）。

② 改正前制度の課題

中小企業の大部分が株券不発行会社となっている状況で、相続税又は贈与税の納税猶予制度の適用を受けるためだけに株券発行の手続を行わなければならないことから、手間・コスト面での負担があり、株券発行を行わなくても担保提供を可能とする見直しが要望されていた。

③ 改正の内容

平成25年度改正により、株券不発行会社が相続税又は贈与税の納税猶予制度の適用を受ける場合において、一定の書類（次頁表①～④）を税務署に提出することにより、定款変更等及び株券の発行を行わなくても株式による担保提供が可能になった

第1章　一般措置における事業承継税制の仕組み　91

（措法 70 の 7 ⑬二、70 の 7 の 2 ⑭二、70 の 7 の 4 ⑪、措令 40 の 8 ③、40 の 8 の 2 ⑤、40 の 8 の 4 ②、措規 23 の 9 ①、23 の 10 ②）。

担保提供手続の簡素化（株券不発行会社への適用拡大）〔25年度改正〕

【株券発行と事業承継税制の適用の可否】

	改 正 前	改 正 後
発行会社	○	○
不発行会社	×	○

　株券不発行会社であっても、次の書類を税務署長へ提出することにより、（株券の発行を行わずに）担保の提供を可能にする ⇒ 事業承継税制の適用が可能。

① 　納税者が所有する非上場株式について、税務署長等の質権を設定することを承諾した旨を記載した書類（自署押印したものに限る）
② 　納税者の印鑑証明書（上記①の押印に係るもの）
③ 　株主名簿記載事項証明書（代表取締役が記名押印したもの）
④ 　法人（代表取締役）の印鑑証明書（上記③の押印に係るもの）

（注）納税猶予の対象となる株式等の全部を担保提供する場合に限る。

※ 　改正後の制度は、原則として、平成27年1月1日以後の相続若しくは遺贈又は贈与について適用する。

財務省資料

（11）　納税猶予税額に対する延納・物納の利用

①　改正の背景

　事業承継税制の適用を受けている後継者は、納税猶予期間中に金銭納付の準備が可能なため、納税猶予が取消しになったとしても延納・物納制度（相法 38、41）の利用はできないことになっていた。しかし、事業承継税制における雇用確保要件は、経営環境の変化等の他律的な要因により要件が充足できずに納税猶予が取消しになった場合には、金銭納付の準備が行えないことも想定された。

　そのため、平成25年度改正により、雇用確保要件が達成できずに納税猶予が取消しになった場合には、延納・物納が利用できることとし、平成27年1月1日以後の相続税・贈与税について適用されている。

| **雇用確保要件が満たされなかった場合における猶予税額に対する延納・物納の利用** 〔25年度改正〕 |

【事業承継税制適用時】		原 則 (一般の場合)	【改正後】雇用確保要件が 満たされなかった場合
延 納	贈 与 税	×	○
	相 続 税	×	○
物 納	贈 与 税	×	×
	相 続 税	×	○

	【改正後】雇用確保要件が 満たされなかった場合	(参考) 一般の場合
(1) 延納の申請期限	経営承継期間の末日から 5ヶ月以内	贈与税・相続税の申告期限
(2) 延納期間	5年以内	原則20年以内
(3) 物納の申請期限	経営承継期間の末日から5ヶ月以内	相続税の申告期限
(4) 特定物納の申請期限	(1) の翌日から5年以内	相続税の申告期限の翌日 から10年以内
(5) 納税猶予期限から延納・物納 申請期限までの附帯税	利子税(改正前:延滞税)を課税 ・延納:年6.6%(特例:1.8%※) ・物納:年7.3%(特例:2.0%※)	

※ 特例適用後の割合は、短期貸出平均利率が1%の場合とする。
(注) 改正後の制度は、原則として、平成27年1月1日以後の相続若しくは遺贈又は贈与について適用する。

財務省資料

② 改正の内容

イ 相続税の納税猶予が取消された場合

　相続税の納税猶予制度の適用(措法70の7の2①)を受けた後継者が、その後、経営承継期間内に雇用確保要件を達成できずに納税猶予が取り消された場合には、延納又は物納制度の利用が可能になった。

(イ) 延納制度の利用

　相続税の納税猶予税額の納付について、猶予期限までに納付することを困難とする事由がある場合には、延納制度を利用することが可能になった(措法70の7の2⑭九)。

　延納制度を利用する場合において、延納申請期限・利子税・延納期間等は次のとおりである。

項　目	取　扱　い
延納申請期限	経営承継期間の末日から５月を経過する日（措法 70 の７の２⑭十前段）
利　子　税	納税猶予期限の翌日から、上記の延納申請期限までの間は、年 6.6 ％（特例：1.8 ％）の利子税の納付が必要（措法 70 の７の２⑭十後段、同号イ） （注）　特例の割合は、短期貸出平均利率が１％の場合とする。
延納期間及び同期間中の利子税	５年間とされ（措法 70 の７の２⑭十前段）、延納期間中の利子税は年 6.6 ％（特例：1.8 ％）の納付が必要（相法 52 ①、措法 70 の７の２⑭十前段） （注）　特例の割合は、短期貸出平均利率が１％の場合とする。

(ロ)　物納制度の利用

　相続税の納税猶予税額の納付について、延納によっても納付が困難な場合には、物納制度を利用することが可能になった（措法 70 の７の２⑭九）。

　物納制度を利用する場合において、物納申請期限・利子税は次のとおりである。

項　目	取　扱　い
物納申請期限	経営承継期間の末日から５月を経過する日（措法 70 の７の２⑭十前段）
利　子　税	納税猶予期限の翌日から、上記の物納申請期限までの間は、年 7.3 ％（特例：2.0 ％）の利子税の納付が必要（措法 70 の７の２⑭十後段、同号ロ） （注）　特例の割合は、短期貸出平均利率が１％の場合とする。

ロ　贈与税の納税猶予が取消された場合

　贈与税の納税猶予制度の適用（措法 70 の７①）を受けた後継者が、その後、経営贈与承継期間内に雇用確保要件を達成できずに納税猶予が取り消された場合には、延納制度の利用が可能になった（措法 70 の７⑬十二）。

　延納制度を利用する場合において、延納申請期限・利子税・延納期間は次のとおりである。

項　目	取　扱　い
延納申請期限	経営贈与承継期間の末日から５月を経過する日（措法 70 の７⑬十二前段）
利　子　税	納税猶予期限の翌日から、上記の延納申請期限までの間は、年 6.6 ％（特例：1.8 ％）の利子税の納付が必要（措法 70 の７⑬十二後段） （注）　特例の割合は、短期貸出平均利率が１％の場合とする。
延納期間	５年間（相法 38 ③）

ハ　相続税の納税猶予が取消された場合（贈与者の死亡による移行）

　贈与者が死亡した場合の相続税の納税猶予制度の適用（措法 70 の７の４①）を受けた後継者が、その後、経営相続承継期間内に雇用確保要件を達成できずに納税猶予が取り消された場合には、上記と同様に延納又は物納制度の利用が可能になった。

二　留意点

(イ)　延納制度を利用する場合の担保提供

上記□の延納制度を適用する場合の担保提供は、「みなす充足」（措法70の7⑥他）は適用されない。そのため、事業承継税制の適用を受ける際に提供した担保（特例非上場株式等の全部担保）は継続されず、改めて相続税法上の延納制度の規定による延納税額に相当する担保提供が必要になる（相法38④）。

(ロ)　物納制度を利用する場合の収納価額

物納制度を利用する場合の収納価額は、相続税法の物納制度の規定により「相続税の課税価格の計算の基礎となった価額」によることになり、物納申請期限における時価は採用されない（相法43①）。

(12)　資産管理会社の要件の適正化
①　改正前制度における資産管理会社の要件
イ　資産管理会社の排除

事業承継税制では、事業実態のない会社（資産管理会社）が一般措置の適用を受けることを排除するため、適用を受けようとする会社が資産管理会社に該当する場合には、その適用は受けることができない（措法70の7②一ロ、70の7の2②一ロ、70の7の4②一ロ）。

また、一般措置の適用を受けた後に資産管理会社に該当することになった場合には、納税猶予が取り消される（措法70の7③九・⑤一、70の7の2③九・⑤一、70の7の4③他）。

なお、資産管理会社（資産保有型会社・資産運用型会社）は、次頁図表左欄のように形式基準により判定する。

ロ　適用除外要件

上記の形式基準により資産管理会社に該当しても、事業実態がある会社（適用除外要件を満たす会社）については事業承継税制の適用を認めることとしているが、適用除外要件とは、次頁図表右欄の【改正前】に係る①から③をいい、そのすべてを満たすときは一般措置の適用が認められる（旧措令40の8⑤・㉔、40の8の2⑦・⑯、40の8の3③・㉚、旧措規23の9⑤、23の10⑦）。

②　改正の内容

平成25年度改正により、課税の適正化を図る観点から、資産管理会社に対する要件をより実効性の高いものとするため、次の改正が行われた（次頁図表右欄の【改正後】参照）。

イ　資産貸付けの範囲の制限

　商品販売等のうち資産の貸付けについて、同族関係者に対する貸付けが除外された（措令40の8⑥一イ・二イ、40の8㉔一イ・二イ、40の8の2⑦一イ・二イ、40の8の2㉚一イ・二イ、40の8の4③・⑰、旧措規23の9⑤一、23の10⑥）。

ロ　常時使用従業員の範囲の制限

　常時使用従業員の範囲から、後継者及び生計を一にする親族が除外された（措令40の8⑥一ロ・二ロ、40の8㉔一ロ・二ロ、40の8の2⑦一ロ・二ロ、40の8の2㉚一ロ・二ロ、40の8の4③・⑰）。

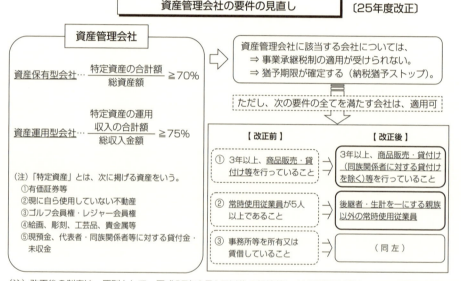

(13)　取消事由とされる総収入金額の算定方法の見直し

①　改正前制度の概要

　事業承継税制は、後継者への円滑な事業承継とその後の経営継続を促すことにより、政策目的（雇用確保と地域経済の活力維持）の達成を図るための制度である。

　事業承継税制の適用を受けようとする会社は上記の政策目的から、その適用に係る相続開始の日又は贈与の日の属する事業年度の直前の事業年度における総収入金額が零を超える必要がある（措法70の7②一ヘ、70の7の2②一ヘ、70の7の4②一ヘ、

措令 40 の 8 ⑩一、40 の 8 の 2 ⑩一、40 の 8 の 4 ⑥）。

　また、納税猶予期間中に認定承継会社の総収入金額が零になった場合には、既にその会社に事業実態がない（雇用確保等が図られていない）と考えられることから、納税猶予が取消されることになっている（旧措法 70 の 7 ④十、70 の 7 の 2 ③十、70 の 7 の 4 ③）。

②　改正前制度の課題

　事業継続を断念して売上げがなくなっても、預貯金利息が若干あれば総収入金額が零にならないことから、改正前制度は事業実態の有無を判断する意義が希薄化していた。

　そのため、平成 25 年度改正により、事業実態の判定基準及び納税猶予の取消事由の実効性を確保し制度の適正化を図る観点から、平成 27 年 1 月 1 日以後の相続若しくは遺贈又は贈与から総収入金額の範囲を限定することになった。

③　改正の内容

　事業承継税制の適用に係る認定要件（総収入金額が零を超えること）及び納税猶予の取消事由（総収入金額が零になった場合）について、「営業外収益」及び「特別利益」が除外され、いわゆる「売上高（売上収入）」で事業実態を判定することになった（措法 70 の 7 ③十、70 の 7 の 2 ③十、70 の 7 の 4 ③、措令 40 の 8 ⑩一、措規 23 の 9 ⑥、23 の 10 ⑦）。

|総収入金額要件の見直し| 〔25年度改正〕

納税猶予の取消事由である「総収入金額が零となった場合」について、次のように見直す。
【改正前】総収入金額が零となった場合
【改正後】総収入金額（主たる事業活動から生じる収入の額に限る）が零となった場合

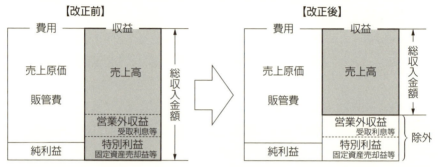

(注) 改正後の制度は、原則として、平成27年1月1日以後の相続若しくは遺贈又は贈与について適用する。

財務省資料

(14) 計算除外の特例措置に係る対象株式等の追加

① 計算除外の特例措置の概要

　改正前の計算除外の特例措置とは、納税猶予分の相続税額・贈与税額を計算する場合において、非上場株式等に係る認定承継会社等が会社法2条2号に規定する外国会社又は一定の医療法人の株式等を有するときは、認定承継会社等がその外国株式又は医療法人の株式等を有していないものとした価額を、後継者のその年分の相続税・贈与税の課税価格とみなす措置である（旧措法70の7②五、70の7の2②五、70の7の4②四、旧措令40の8⑫〜⑯、40の8の2⑬〜㉑、40の8の3⑧）。

② 改正前制度の課題

　多額の上場株式等を保有する中小企業（非上場会社）に対し、事業承継税制の適用を認めることになれば、上場株式等について事業承継税制を認めることになりかねないが、中小企業が上場株式等を保有することを一律に排除することも適当ではない。

　そのため、上場株式等を保有する中小企業のうち資産管理会社に限定して、上場株式等を一定以上保有する場合には、外国会社の株式等及び医療法人の出資持分と同様に、納税猶予税額の計算上、上場株式等相当額を除外することになった。

③ 改正の内容

イ 一定の上場株式等の計算除外

一定の認定承継会社等が、上場株式等を1銘柄につき発行済株式等の総数等の3％以上保有する場合には、その上場株式等相当額は外国会社又は医療法人と同様に有していないものとして納税猶予対象株式等の価額を計算することになった（措法70の7②五、70の7の2②五、70の7の4②四、措令40の8⑫、40の8の2⑫、40の8の4⑧）。

ロ 対象となる認定承継会社等の範囲

改正後の除外計算の特例が適用される認定承継会社等は、外国株式又は医療法人出資に係る計算除外と異なり、資産管理会社（資産保有型会社又は資産運用型会社）に限定している（措令40の8⑫、40の8の2⑫、40の8の4⑧）。

なお、事業承継税制は、非上場株式等に係る会社が資産管理会社に該当する場合であっても、その会社に事業実態があれば事業承継税制の適用を受けることができるが（措法70の7②一ロ、70の7の2②一ロ、70の7の4②一ロ、措令40の8⑥、40の8の2⑦、40の8の4③）、上場株式等に係る計算除外の特例措置は事業実態を有する資産管理会社に対しても適用されている。

ハ 上場株式等の範囲

上場株式等とは、非上場株式等以外の法人の株式又は出資をいい、投資信託及び投資法人に関する法律2条14項に規定する投資口が含まれる（措令40の8⑫、40の8の2⑫、40の8の4⑧）。

第1章 一般措置における事業承継税制の仕組み　99

認定会社が上場株式等を有する場合の猶予税額の計算方法の見直し　〔25年度改正〕

資産管理会社である認定会社等が上場会社等の大口株主等（1銘柄につき3％以上保有）となっている場合には、納税猶予税額の計算上、その上場会社等の株式等相当額を除外する。

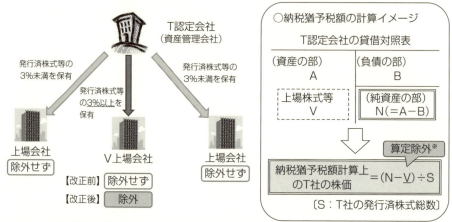

※一定の外国会社及び医療法人についても、同様に除外される。
(注) 改正後の制度は、原則として、平成27年1月1日以後の相続若しくは遺贈又は贈与について適用する。

財務省資料

(15) みなし配当課税に係る特例措置の拡充
① 制度創設の趣旨

　平成16年度改正により、事業承継の円滑化を図るため、相続税の納税資金調達のため発行会社への自己株式の譲渡を容易にすることにより、第三者への譲渡に伴う経営権の分散を防止する観点から創設された。

② 改正前制度の概要

　みなし配当課税に係る特例措置とは、相続又は遺贈により財産を取得した者（みなし取得者を除く）で、その相続又は遺贈につき相続税額があるものが、相続開始があった日の翌日から相続税の申告期限の翌日以後3年を経過する日までの間に、相続税額に係る課税価格の計算基礎に含まれた非上場株式等をその発行会社（非上場会社）に譲渡した場合において、一定の手続の下で、非上場株式等の譲渡対価として非上場会社から交付を受けた金銭の額のうち、みなし配当に該当する部分の対価があっても、その部分の対価について、みなし配当課税を行わない制度である（譲渡対価は、すべて譲渡所得の収入金額になり、所得税の負担が軽減される）（旧措法9の7①、措

令5の2)。

③ 制度の課題

　改正前制度では、適用対象者を相続又は遺贈により財産を取得した者とされていることから、次のように「相続又は遺贈により財産を取得したものとみなされる者」は含まれていなかった。

イ　先代経営者（贈与者）の死亡により、贈与税の納税猶予制度の適用を受けた後

　　継者は、贈与税の猶予税額が免除されるとともに相続税の納税猶予に移行（後継

　　者は、先代経営者から非上場株式等を相続により取得したものとみなされる）し

　　た後、納税猶予が取り消され、納税猶予に係る非上場株式等を譲渡した場合

ロ　相続時精算課税の適用を受けて生前贈与により非上場株式等を取得した者が、

　　相続時に相続財産を取得しなかった場合

　そのため、平成25年度改正により、相続税における事業承継の更なる円滑化を図る観点から、上記の者も一般措置の適用対象に追加され、平成27年1月1日以後から適用されている。

④ 改正の内容

　平成25年度改正により、次のように相続又は遺贈により財産を取得したものとみなされる者についても、同制度が適用されることになった（措法9の7①）。

イ　贈与税の納税猶予制度の適用を受けた後継者

　贈与税の納税猶予の適用を受ける贈与により財産を取得した経営承継受贈者が、同制度の適用対象者に該当することになった。

ロ　相続時精算課税制度の適用を受けた者

　相続時精算課税制度の適用を受ける贈与により財産を取得した者が、同制度の適用対象者に該当することになった。

第1章　一般措置における事業承継税制の仕組み　*101*

「相続等により取得した非上場株式に係るみなし配当課税の特例」の拡充　〔25年度改正〕

〔改正前の特例の概要〕
　相続等により非上場株式を取得した者が、その相続税の申告期限の翌日以後3年以内に、その株式を発行会社に譲渡した場合には、みなし配当課税を行わない。(⇒ 株式譲渡益として課税)

〔改正の内容〕～適用対象者の範囲の拡充～

※事業承継との関係
　次の①・②の者は、(相続等により非上場株式を取得していない場合であっても)発行会社に株式を譲渡したときに、みなし配当課税を行わず、株式譲渡益として課税する特例の適用が可能となる。
　　⇒　会社への株式売却による納税資金の捻出が可能に。
①贈与税の納税猶予制度の適用後、贈与者が死亡した場合に「相続等により非上場株式を取得したとみなされる後継者」
②相続等により財産を取得しなかった相続時精算課税適用者のうち「相続等により非上場株式を取得したとみなされる者」

【特例の概要】

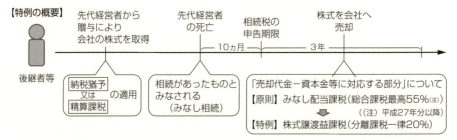

(注) 改正後の制度は、平成27年1月1日以後の相続又は遺贈により非上場株式を取得したとみなされる個人について適用する。

財務省資料

Ⅵ

平成 27 年度改正項目

1　改正の背景

　改正前制度では、贈与税の納税猶予制度の適用を受けている経営承継受贈者が、その贈与者が死亡する前に、次の後継者に特例受贈非上場株式等を贈与することにより事業を承継しようとすると、納税猶予されていた贈与税を納付しなければならず、そのことが、早期（贈与者が死亡する前）に事業承継を行うことの障害になっていた。

　そこで、贈与・相続を通じ、何代にもわたる事業の承継を支援するという一般措置の趣旨等による早期の事業承継ニーズを踏まえ、贈与による事業承継の更なる円滑化を図る観点から、贈与税の納税猶予を適用している経営承継受贈者が後継者に非上場株式の贈与をした場合についても納税猶予額を免除する等の措置が講じられた。

2　改正の内容

　贈与税及び相続税の納税猶予制度について、納税猶予税額を免除する事由が次のように追加された。

(1)　贈与税の納税猶予から 5 年経過後及び 5 年以内における再贈与

　経営贈与承継期間の末日の翌日（経営贈与承継期間内（5 年以内）に経営承継受贈者が認定贈与承継会社の代表権を有しないこととなった場合（「一定のやむを得ない理由」がある場合に限る）には、その有しないこととなった日）以後（5 年経過後）に、経営承継受贈者が特例受贈非上場株式等の贈与をし、その贈与を受けた者が贈与税の納税猶予制度の適用を受けるときは、経営承継受贈者の猶予中贈与税額のうち、その贈与を受けた者が納税猶予制度の適用を受ける特例受贈非上場株式等に対応する額が免除されることになった（措法 70 の 7 ⑮三）。

(注)　「一定のやむを得ない理由」とは、経営承継受贈者が、次に掲げる事由のいずれかに該当することになったことをいう（措規 23 の 9 ⑮）。

第 1 章　一般措置における事業承継税制の仕組み　*103*

① 精神保健及び精神障害者福祉に関する法律の規定により精神障害者保健福祉手帳（障害等級が1級である者）の交付を受けたこと
② 身体障害者福祉法の規定により身体障害手帳（身体上の障害の程度が1級又は2級である者）の交付を受けたこと
③ 介護保険法の規定による要介護認定（要介護状態区分が要介護5に該当する者）を受けたこと

(2) 相続税の納税猶予から5年以内の贈与

　経営承継期間内に経営承継相続人等が認定承継会社の代表権を有しないこととなった場合（一定のやむを得ない理由がある場合に限る）において、その有しないこととなった日以後に、経営承継相続人等が特例非上場株式等の贈与をし、その贈与を受けた者が非上場株式等に係る贈与税の納税猶予制度の適用を受けたときは、経営承継相続人等の猶予中相続税額のうち、その贈与を受けた者が納税猶予制度の適用を受ける特例受贈非上場株式等に対応する額が免除されることになった（措法70の7の2⑯二）。

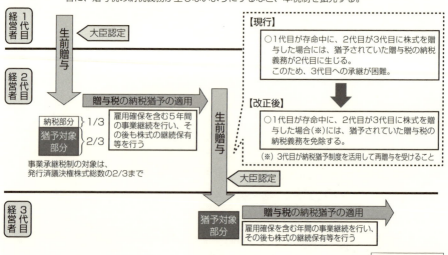

VII

平成29年度改正項目

1 改正の背景

　事業承継税制は、平成25年度改正において、制度の活用促進を図る観点から、雇用確保要件の緩和、利子税等の負担の軽減及び手続の簡素化等の抜本的な見直しが行われた。

　その結果、平成27年の円滑化法の認定件数は改正前に比べ約3倍の水準になったが、他方、中小企業の経営者の高齢化は進んでおり、早期かつ計画的な事業承継の更なる促進の重要性が指摘されていた。

　このような状況を踏まえ、平成29年度改正では、課税の公平に留意しつつ、本制度を更に使いやすくするため、次の2の見直しが行われた。

事業承継税制の認定件数の推移

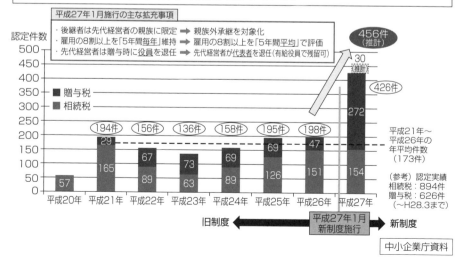

中小企業庁資料

第1章　一般措置における事業承継税制の仕組み　　105

2 改正の内容

(1) 被災した認定贈与承継会社等に係る要件緩和の特例の創設

　近年災害が頻発していることを踏まえ、被災者の不安を早期に解消するとともに、税制上の対応が復旧や復興の動きに遅れることのないように、あらかじめ規定を整備することとされた。具体的には、次のように被災した認定贈与承継会社等に対して要件を緩和する措置等が常設化された（措法70の7㉚他）。

被災した認定贈与承継会社等に係る要件緩和の特例

	(1) 資産の被害が大きい会社	(2) 従業員の多くが属する事業所が被災した会社	(3) 売上高が大幅に減少した会社
被災の態様	$\dfrac{①}{総資産} ≧30\%$ ① 罹災証明書の発行を受けた資産（特定資産を除く）（注） 総資産は災害発生日の直前の事業年度終了時の帳簿価額	$\dfrac{①}{従業員の総数} ≧20\%$ ① 罹災証明書の発行を受けた事業所で、一定期間継続して稼働できない事業所の従業員数（注）1.「従業員」は、「災害発生日の前日における常時使用従業員」2.「一定期間」とは、災害後6月間	$\dfrac{災害後6月間の売上高}{上記期間の前年同期間の売上高} ≦70\%$ ※ 中小企業信用保険法に規定する下記の事由による売上減少を対象 (イ) 取引先の倒産〔同法2⑤一〕 (ロ) 取引先の事業活動の制限〔同法2⑤二〕 (ハ) 事故〔同法2⑤三〕 (ニ) 災害〔同法2⑤四〕
認定会社【事業継続要件の緩和】	◎ 次の事業継続要件を免除 ① 雇用5年間平均80％維持 ② 資産管理会社に非該当【10年間】	◎ 次の事業継続要件を免除 ① 雇用5年間平均80％維持※ ※被災していない事業所については雇用確保要件を満たす必要 ② 資産管理会社に非該当【10年間】	◎ 売上高の回復に応じて、次の事業継続要件を緩和（上記(イ)・(ロ)については①のみ）① 雇用5年間平均80％維持 ② 資産管理会社に非該当【最長10年間】 **売上高（災害後平均等）の水準（災害発生直前年度との対比）** / **雇用確保の割合** 70％未満 / 免除 70％以上〜100％未満 / 40％ 100％以上 / 80％
【猶予税額の免除事由の追加】	◎ 事業継続期間内に破産した場合等であっても、猶予税額を免除	◎ 同左	◎ 同左
災害後に適用を受けようとする会社（災害後1年までの相続が対象）【適用要件の緩和】	◎ 次の適用要件を免除 ① 資産管理会社非該当要件 ② 事前役員就任要件	◎ 同左	◎ 上記(ハ)・(ニ)について次の適用要件を免除 ① 資産管理会社非該当要件 ② 事前役員就任要件

財務省資料

106　Ⅶ　平成29年度改正項目

(2) 雇用確保要件の計算方法の見直し

　従業員の少ない小規模事業者への配慮等の観点から、贈与等の時における常時使用従業員数に100分の80を乗じて計算した数に1に満たない端数があるときは、これを切り捨てる（改正前：切り上げる）こととし、贈与等の時における常時使用従業員数が1人のときは、1人とすることとされた（措法70の7③二他、）。

《算式》

$$\frac{各第１種（贈与・相続）基準日における常時使用従業員数の合計}{経営（贈与・相続）承継期間内に存する第１種（贈与・相続）基準日の数} \geq 贈与の時における常時使用従業員数 \times \frac{80}{100}^{(※)}$$

※　1人未満の端数の処理
　　［改正前］　切上げ
　　［改正後］　切捨て（贈与等の時における常時使用従業員数が1人の場合には1人）

人手不足を踏まえた小規模事業者の雇用要件の見直し

○事業承継税制の雇用要件について、これまで維持すべき従業員数（5年平均で8割）を計算する際に端数を切り上げていたところを、切り捨てることとする。
○これにより、特に人手不足の影響を受けやすい従業員5人未満の企業の従業員が1人減った場合でも、雇用要件を満たすことが可能となる。

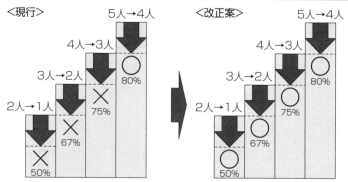

（注）従業員1人の企業が従業員ゼロになった場合には、適用できない。
※アンケートによれば、従業員2～4人の企業で従業員数が減少した企業のうち約8割が、従業員1人しか減少していない。　⇒　今回の改正でこれらの企業も雇用要件を満たすことが可能に。

経済産業省資料

(3) 相続時精算課税の適用を受ける非上場株式等に係る贈与の追加
① 改正前制度の課題

改正前制度では、特例受贈非上場株式等については、相続時精算課税の適用を受けることができないこととされていた。

そのため、猶予期限の確定事由に該当した場合には、相続税よりも累進度の高い暦年課税に基づく税率により計算された猶予税額の納付が必要になるため、その税負担の可能性が制度の利用を躊躇させる一因となっていた。

贈与税納税猶予取消時の負担軽減措置（相続時精算課税制度との併用）

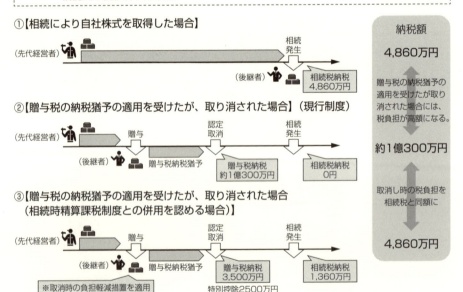

経済産業省資料

② 改正の内容

相続時精算課税の適用除外規定（旧措法 70 の 7 ③）が削除され、非上場株式等について本制度の適用を受ける場合であっても、相続時精算課税の適用を受けることができるようになった。

<具体的な計算例>

(イ) 後継者は、先代経営者から本特例の適用を受ける非上場株式（3,000 万円）と他の財産（1,000 万円）の贈与を受けたものとする。

(ロ) 贈与を受けた全ての財産の価額の合計額に係る贈与税額

$$\underset{\text{(全ての財産)}}{(4,000\,\text{万円}} - \underset{\text{(特別控除)}}{2,500\,\text{万円})} \times 20\,\% = 300\,\text{万円}$$

(ハ) 本特例の適用を受ける非上場株式の額のみに係る贈与税額

$$\underset{\text{(非上場株式)}}{(3,000\,\text{万円}} - \underset{\text{(特別控除)}}{2,500\,\text{万円})} \times 20\,\% = 100\,\text{万円}$$

(ニ) 納税が猶予される贈与税額

100 万円　(ハ)

(ホ) 納税する贈与税額

$$\underset{\text{(ロ)}}{300\,\text{万円}} - \underset{\text{(ハ)}}{100\,\text{万円}} = 200\,\text{万円}$$

(4) 認定相続承継会社要件の見直し

非上場株式等の贈与者が死亡した場合の相続税の納税猶予制度における認定相続承継会社の要件について、次の要件が撤廃された（措法 70 の 7 の 4 ②一、措令 40 の 8 の 3 ⑥で準用する 40 の 8 の 2 ⑩）。

① その会社及びその特定特別関係会社が中小企業者であること。

② その会社及びその特定特別関係会社の株式等が非上場株式等に該当すること（経営相続承継受贈者に係る贈与者が、「非上場株式等についての贈与税の納税猶予及び免除」の適用に係る贈与の日の属する年分の贈与税の申告期限の翌日から同日以後 5 年を経過する日の翌日以後に死亡した場合）

(5) 申請等窓口の変更

本制度の適用を受けるための「認定申請書」や、適用を受け続けるための要件を満

たしていることを示す「年次報告書」の提出先が、各経済産業局から主たる事務所の所在する都道府県に変更された（経営承継円滑化法施行令2：平成29年4月1日以後の提出分から）。

VIII

平成 30 年度改正項目

1 改正の背景

特例措置の創設に伴い、一般措置である非上場株式等に係る納税猶予制度についても次の改正が行われた。

2 改正の内容

(1) 用語の整理

適用対象となる非上場株式等については、これまで「特例受贈非上場株式等」・「特例非上場株式等」又は「特例相続非上場株式等」とされていたが、新たに特例措置が設けられたことから、これと区別するため、適用対象となる非上場株式等については、「対象受贈非上場株式等」・「対象非上場株式等」又は「対象相続非上場株式等」に改められた。

事業継承税制における用語の比較

	一般措置			特例措置		
	贈与税	相続税	贈与者が死亡した場合の相続税	贈与税	相続税	贈与者が死亡した場合の相続税
承継会社	認定贈与承継会社	認定承継会社	認定相続承継会社	特例認定贈与承継会社	特例認定承継会社	特例認定相続承継会社
非上場株式等	対象受贈非上場株式等	対象非上場株式等	対象相続非上場株式等	特例対象受贈非上場株式等	特例対象非上場株式等	特例対象相続非上場株式等
経営承継する者	経営承継受贈者	経営承継相続人等	経営相続承継受贈者	特例経営承継受贈者	特例経営承継相続人等	特例経営相続承継受贈者
経営承継期間	経営承継贈与期間	経営承継期間	経営相続承継期間	特例経営贈与承継期間	特例経営承継期間	特例経営相続承継期間

財務省資料を一部修正

第1章 一般措置における事業承継税制の仕組み *111*

(2) 贈与者及び被相続人の要件

　特例措置では複数の者からの贈与又は相続についても適用できることとされたことに伴い、一般措置においても同様の仕組みにするため、贈与者及び被相続人の要件が次のようになった（措令40の8①、40の8の2①）。

① 最初の贈与税又は相続税の納税猶予制度の適用

　その認定（贈与）承継会社について、最初の贈与税又は相続税の納税猶予制度の適用に係る贈与に係る贈与者又は相続若しくは遺贈に係る被相続人の要件は、改正前と同様である。

② 二回目以降の贈与税又は相続税の納税猶予制度の適用

　その認定（贈与）承継会社について、上記（1）の贈与又は相続若しくは遺贈の後、他の贈与者又は被相続人から贈与又は相続若しくは遺贈を受ける場合における当該他の贈与者又は被相続人の要件は、認定（贈与）承継会社の非上場株式等を有していた個人（贈与の場合には、加えて、その贈与の時において当該認定贈与承継会社の代表権を有していないもの）とされた。

(3) 経営贈与承継期間等の改正

　上記（2）のとおり、複数の贈与者からの贈与について、贈与税の納税猶予制度の適用を受けることができるようになったが、経営贈与承継期間は、この制度の適用を受けるための最初の贈与に係る贈与税の申告書の提出期限（先に相続税の納税猶予制度の適用を受けている場合には、その最初の相続に係る相続税の申告書の提出期限）から5年間とされている（措法70の7②六）。

　また、雇用確保要件（5年間平均で8割確保）は、対象受贈非上場株式等に係る認定贈与承継会社の非上場株式等について贈与税の納税猶予制度又は相続税の納税猶予制度の適用を受けるために提出する最初の贈与税の申告書又は相続税の申告期限の翌日から同日以後5年を経過する日までの期間で判定することとされた（措法70の7③二）。

　なお、上記の改正は、相続税の納税猶予制度においても同様に行われている（措法70の7の2②六、③二）。

第2章

特例措置における
事業承継税制の仕組み

I 事業承継税制の概要

1 創設の背景

　中小企業経営者の年齢分布のピークが60歳台半ばとなり、高齢化が急速に進展する中で、日本経済の基盤である中小企業の円滑な世代交代を通じた生産性向上は、待ったなしの課題となっていることから、事業承継税制について10年間の特例措置として、各種要件の緩和を含む抜本的な拡充が行われた。

　具体的には、施行日後5年以内に承継計画を作成して贈与・相続による事業承継を

中小企業経営者の次世代経営者への引継ぎを支援する税制措置の創設・拡充 （事業承継税制）	（相続税・贈与税）	拡充

- 事業承継の際の贈与税・相続税の納税を猶予する「事業承継税制」を、今後5年以内に承継計画（仮称）を提出し、10年以内に実際に承継を行う者を対象とし、抜本的に拡充。
- ①対象株式数・猶予割合の拡大②対象者の拡大③雇用要件の弾力化④新たな減免制度の創設等を行う。

◆ 税制適用の入り口要件を緩和　〜事業承継に係る負担を最小化〜

現行制度	改正後
○納税猶予の対象になる株式数には2/3の上限があり、相続税の猶予割合は80%。後継者は事業承継時に多額の贈与税・相続税を納税することがある。 ○税制の対象となるのは、一人の先代経営者から一人の後継者へ贈与・相続される場合のみ。	○対象株式数の上限を撤廃し全株式を適用可能に。また、納税猶予割合も100%に拡大することで、承継時の税負担ゼロに。 ○親族外を含む複数の株主から、代表者である後継者（最大3人）への承継も対象に。中小企業経営の実状に合わせた、多様な事業承継を支援。

◆ 税制適用後のリスクを軽減　〜将来不安を軽減し税制を利用しやすく〜

現行制度	改正後
○後継者が自主廃業や売却を行う際、経営環境の変化により株価が下落した場合でも、承継時の株価を基に贈与・相続税が課税されるため、過大な税負担が生じうる。 ○税制の適用後、5年間で平均8割以上の雇用を維持できなければ猶予打切り。人手不足の中、雇用要件は中小企業にとって大きな負担。	○売却額や廃業時の評価額を基に納税額を計算し、承継時の株価を基に計算された納税額との差額を減免。経営環境の変化による将来の不安を軽減。 ○5年間で平均8割以上の雇用要件を未達成の場合でも、猶予を継続可能に（経営悪化等が理由の場合、認定支援機関の指導助言が必要）。

※以上のほか、相続時精算課税制度の適用範囲の拡大及び所要の措置を講じる。

中小企業庁資料

行う場合、①猶予対象の株式の制限（発行済議決権株式総数の3分の2）を撤廃し、納税猶予割合80％を100％に引き上げることにより、贈与・相続時の納税負担が生じない制度とし、②雇用確保要件を弾力化するとともに、③2名又は3名の後継者に対する贈与・相続に対象を拡大し、④経営環境の変化に対応した減免制度を創設して将来の税負担に対する不安に対応する等の措置が講じられた。

2　租税特別措置法の構成

特例措置においても、一般措置と同様に「相続税の納税猶予制度の特例」（措法70の7の6）及び「贈与税の納税猶予制度の特例」（措法70の7の5）、また「贈与税の納税猶予制度の特例」から「相続税の納税猶予制度の特例」へ移行するための措置（措法70の7の7、70の7の8）が設けられており、租税特別措置法において次のように規定されている。

租税特別措置法70条の7の5 （1項〜28項）	非上場株式等についての贈与税の納税猶予及び免除の特例
租税特別措置法70条の7の6 （1項〜29項）	非上場株式等についての相続税の納税猶予及び免除の特例
租税特別措置法70条の7の7 （1項〜3項）	非上場株式等の特例贈与者が死亡した場合の相続税の課税の特例
租税特別措置法70条の7の8 （1項〜19項）	非上場株式等の特例贈与者が死亡した場合の相続税の納税猶予び免除の特例

(1)　相続税の納税猶予制度の特例

非上場株式等に係る相続税の納税猶予制度の特例は、租税特別措置法70条の7の6に規定されている。

そのあらましは、下表右欄のように、後継者が相続又は遺贈により非上場株式等を取得した場合において、相続税の納税を猶予及び免除するための制度である。

| 租税特別措置法70条の7の6
非上場株式等についての相続税の納税猶予及び免除の特例 | | 後継者が相続等により取得した非上場株式等に係る課税価格の100％相当額について納税が猶予され、後継者の死亡等により免除される。 |

(2)　贈与税の納税猶予制度等の特例

非上場株式等に係る贈与税の納税猶予制度の特例及び贈与税の納税猶予制度の特例

から相続税の納税猶予制度の特例へ移行するための措置は、租税特別措置法70条の7の5、70条の7の7及び70条の7の8に規定されている。

そのあらましは、次頁の各表右欄のようになるが、贈与者である先代経営者が生前に受贈者である後継者へ非上場株式等の贈与を行った場合において、贈与税の納税を猶予及び免除するための特例である。

贈与後、贈与者である先代経営者が死亡した場合には、後継者は猶予されていた贈与税が免除されるとともに、後継者に係る相続税の納税が猶予される特例へ移行するための規定である。

租税特別措置法70条の7の5 非上場株式等についての贈与税の納税猶予及び免除の特例	先代経営者から後継者への非上場株式等の全部又は一定数以上の贈与全額の納税が猶予され、先代経営者の死亡により免除される。
租税特別措置法70条の7の7 非上場株式等の特例贈与者が死亡した場合の相続税の課税の特例	先代経営者の死亡により後継者が贈与により取得した非上場株式等は、相続により取得（贈与時の価額）したものとみなされる。
租税特別措置法70条の7の8 非上場株式等の特例贈与者が死亡した場合の相続税の納税猶予及び免除の特例	後継者は非上場株式等に係る課税価格の100％相当額の相続税の納税が猶予され、後継者の死亡等により免除される。

3　相続税及び贈与税の納税猶予制度の特例の構成

相続税及び贈与税の納税猶予制度の特例における租税特別措置法は、次のように大部分の項目で（相続税であれば1項・2項と13項から18項以外の項目）、一般措置を準用する構成になっている。

租税特別措置法70条の7の6 非上場株式等についての 相続税の納税猶予及び免除の特例	租税特別措置法70条の7の5 非上場株式等についての 贈与税の納税猶予及び免除の特例
1項　相続税の納税猶予制度の特例の仕組み	1項　贈与税の納税猶予制度の特例の仕組み
2項　用語の意義（一号～九号）	2項　用語の意義（一号～九号）
3項　70の7の2第3項～5項の準用	3項　70の7第3項～5項の準用
4項　70の7の2第6項の準用	4項　70の7第6項の準用
5項　70の7の2第7項の準用	―
6項　70の7の2第9項の準用	5項　70の7第8項の準用
7項　70の7の2第10項の準用	6項　70の7第9項他の準用
8項　70の7の2第11項の準用	7項　70の7第10項の準用
9項　70の7の2第12項の準用	8項　70の7第11項の準用
10項　70の7の2第13項の準用	9項　70の7第12項の準用
11項　70の7の2第14項・15項の準用	10項　70の7第13項・14項の準用
12項　70の7の2第16項～21項の準用	11項　70の7第15項～20項の準用
13項 14項 15項 16項 17項 18項 〉経営環境の変化に応じた減免	12項 13項 14項 15項 16項 17項 〉経営環境の変化に応じた減免
19項　70の7の2第19項・20項の準用	18項　70の7第18項・19項の準用
20項　70の7の2第21項の準用	19項　70の7第20項の準用
21項　70の7の2第22項～26項の準用	20項　70の7第21項～25項の準用
22項　70の7の2第27項の準用	21項　70の7第26項の準用
23項　70の7の2第28項の準用	22項　70の7第27項の準用
24項　70の7の2第29項の準用	23項　70の7第28項の準用
25項　70の7の2第30項の準用	24項　70の7第29項の準用
26項　70の7の2第31項～39項の準用	25項　70の7第30項～34項の準用
27項　70の7の2第40項の準用	26項　70の7第35項の準用
28項　70の7の2第41項の準用	27項　70の7第36項の準用
29項　70の7の2第42項の準用	28項　70の7第37項の準用

4　特例措置と一般措置との相違点

　従来からの一般措置に加え、10年間の措置として、納税猶予の対象となる非上場株式等の制限（総株式数の最大3分の2まで）の撤廃や、納税猶予割合の引上げ（80％から100％）等が行われた特例措置が創設されたが、特例措置と一般措置との相違を

比較すると、次のようになる。

項　目	特例措置	一般措置
(1)　事前の計画策定等	5 年以内の特例承継計画の提出 （平成 30 年(2018)4 月 1 日から 平成 35 年(2023)3 月 31 日まで）	不　要
(2)　適用期限	10 年以内の贈与・相続等 （平成 30 年(2018)1 月 1 日から 平成 39 年(2027)12 月 31 日まで）	な　し
(3)　対象株数及び納税 　　猶予割合	全株式 100 %	総株式数の 3 分の 2 まで 贈与：100 %　相続：80 %
(4)　承継パターン	複数の株主から最大 3 人の後継者	複数の株主から 1 人の後継者 （改正前：1 人の先代経営者 から 1 人の後継者）
(5)　雇用確保要件	弾力化	承継後 5 年間 平均 8 割の雇用維持が必要
(6)　事業の継続が困難 　　な事由が生じた場合 　　の免除	あ　り	な　し
(7)　相続時精算課税の 　　適用	60 歳以上の者から 20 歳以上の者 への贈与	60 歳以上の者から 20 歳以 上の推定相続人・孫への贈与

国税庁資料を一部修正

（1）　事前の計画策定等

　特例措置の適用を受けるためには、会社の後継者や承継時までの経営見通し等を記載した「特例承継計画」を策定し、認定支援機関の所見を記載の上、平成 30 年 4 月 1 日から平成 35 年 3 月 31 日までに都道府県知事に提出し、その確認を受けなければならない。

※　平成 35 年 3 月 31 日までの相続・贈与については、相続・贈与後に承継計画書を提出することも可能である。

（2）　適用期限

　特例措置は、上記（1）の期間内に「特例承継計画」を都道府県に提出し、10 年以内（平成 30 年 1 月 1 日から平成 39 年 12 月 31 日）に承継を行う者のうち、一定の要件を満たす者に適用される（措法 70 の 7 の 5〜70 の 7 の 8）。

118　　Ⅰ　事業承継税制の概要

(3) 対象株数及び納税猶予割合

　特例後継者 (注1) が、特例認定承継会社 (注2) の代表権を有していた者から、贈与又は相続若しくは遺贈（以下「贈与等」という）により特例認定承継会社の非上場株式を取得した場合には、その取得した全ての非上場株式に係る課税価格に対応する贈与税又は相続税の全額について、その特例後継者の死亡の日等までその納税が猶予される（措法70の7の5、70の7の6、70の7の8）。

(注1)　「特例後継者」とは、特例認定承継会社の特例承継計画に記載された特例認定承継会社の代表権を有する後継者（同族関係者と合わせて特例認定承継会社の総議決権数の過半数を有する者に限る）であって、同族関係者のうち、特例承継会社の議決権を最も多く有する者（特例承継計画に記載された後継者が2名又は3名以上の場合には、議決権数において、それぞれ上位2名又は3名の者（総議決権数の10％以上を有する者に限る））をいう（措法70の7の5②六、措法70の7の6②七、措法70の7の8②一）。

(注2)　「特例認定承継会社」とは、平成30年4月1日から平成35年3月31日までの間に特例承継計画を都道府県に提出した会社であって、中小企業における経営の承継の円滑化に関する法律12条1項の認定を受けたものをいう（措法70の7の5②一、措法70の7の6②一、措法70の7の8②二）。

中小企業経営者の次世代経営者への引継ぎを支援する税制措置の創設・拡充	拡充
（事業承継税制①対象株式数上限等の撤廃）	（相続税・贈与税）

- 現行制度では、先代経営者から贈与/相続により取得した非上場株式等のうち、議決権株式総数の2/3に達する部分までの株式等が対象（贈与/相続前から後継者が既に保有していた部分は対象外）。例えば、相続税の場合、猶予割合は80％であるため、猶予されるのは2/3×80％＝約53％のみ。
- 対象株式数の上限を撤廃（2/3→3/3）、猶予割合を100％に拡大することで、事業承継時の贈与税・相続税の現金負担をゼロにする。

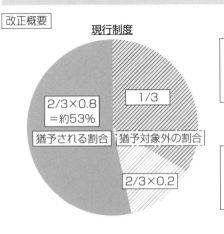

第2章　特例措置における事業承継税制の仕組み

(4) 承継パターン

　特例後継者が、特例認定承継会社の代表以外の者から贈与等により取得する特例認定承継会社の非上場株式についても、特例承継期間（5年）内に贈与等に係る申告書の提出期限が到来するものに限り、特例措置の対象とされる（措法70の7の5①・②六、措法70の7の6①・②七、措法70の7の8①・②一）。

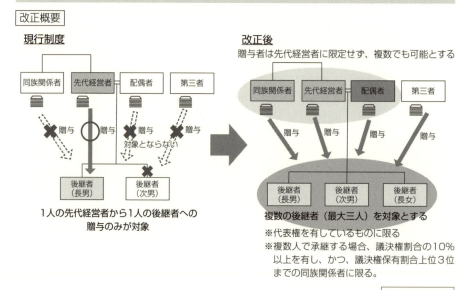

(5) 雇用確保要件

　一般措置では、雇用確保条件を満たさなければ、納税猶予の期限が確定する（猶予の取消しになる）。

　しかし、特例措置では、雇用確保要件を満たせない場合であっても、その満たせない理由を記載した書類（認定経営革新等支援機関の意見が記載されているものに限る）を都道府県に提出すれば、納税猶予が継続する。

　なお、その理由が、経営状況の悪化である場合又は正当なものと認められない場合

には、特例認定承継会社は認定経営革新等支援機関から指導及び助言を受けて、その書類にその内容を記載しなければならない。

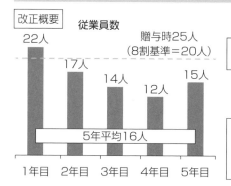

（6） 事業の継続が困難な事由が生じた場合の免除

「経営環境の変化を示す一定の要件を満たす場合」において、特例承継期間経過後に、特例認定承継会社の非上場株式の譲渡をするとき、特例認定承継会社が合併により消滅するとき、特例認定承継会社が解散するとき等には、次の納税猶予税額が免除される（措法70の7の5⑫～⑲、70の7の6⑬～⑳、70の7の8⑰）。

① 譲渡等時の評価差額が50％以下の場合

特例認定承継会社に係る非上場株式の譲渡若しくは合併の対価の額（譲渡又は合併の時の相続税評価額の50％に相当する額を下限とする）又は解散の時における特例認定承継会社の非上場株式の相続税評価額を基に再計算した贈与税額等と譲渡等の前5年間に特例後継者及びその同族関係者に対して支払われた配当及び過大役員給与等に相当する額（以下「直前配当等の額」という）との合計額（合併の対価として交付された吸収合併存続会社等の株式の価額に対応する贈与税額等を除いた額とし、当初の納税猶予税額を上限とする）を納付することとし、再計算した贈与税額等と直前配当等の額との合計額が当初の納税猶予税額を下回る場合には、その差額は免除される。

②　譲渡等時の評価差額が 50 ％超の場合

　特例認定承継会社の非上場株式の譲渡をする場合又は特例認定承継会社が合併により消滅する場合（譲渡又は合併の対価の額が譲渡又は合併の時の相続税評価額の50 ％に相当する額を下回る場合に限る）において、下記③の適用を受けようとするときには、上記①の再計算した贈与税額等と直前配当等の額との合計額については、担保の提供を条件に、上記①にかかわらず、その納税が猶予される。

③　再々計算の要件

　上記②の譲渡又は合併後 2 年を経過する日において、譲渡後の特例認定承継会社又は吸収合併存続会社等の事業が継続しており、かつ、これらの会社において特例認定承継会社の譲渡又は合併時の従業員の半数以上の者が雇用されているときには、実際の譲渡又は合併の対価の額を基に再々計算した贈与税額等と直前配当等の額との合計額（合併の対価として交付された吸収合併存続会社等の株式の価額に対応する贈与税額等を除く）を納付することとし、その再々計算した贈与税額等と直前配当等の額との合計額が上記②により納税が猶予されている額を下回る場合には、その差額が免除される。

④　「経営環境の変化を示す一定の要件を満たす場合」とは

　上記の「経営環境の変化を示す一定の要件を満たす場合」とは、次のいずれか（特例認定承継会社が解散した場合にあっては、ホを除く）に該当する場合をいう。

- イ　直前の事業年度終了の日以前 3 年間のうち 2 年以上、特例認定承継会社が赤字である場合
- ロ　直前の事業年度終了の日以前 3 年間のうち 2 年以上、特例認定承継会社の売上高が、その年の前年の売上高に比して減少している場合
- ハ　直前の事業年度終了の日における特例認定承継会社の有利子負債の額が、その日の属する事業年度の売上高の 6 月分に相当する額以上である場合
- ニ　特例認定承継会社の事業が属する業種に係る上場会社の株価（直前の事業年度終了の日以前 1 年間の平均）が、その前年 1 年間の平均より下落している場合
- ホ　特例後継者が特例認定承継会社における経営を継続しない特段の理由があるとき

　ただし、特例認定承継会社の非上場株式の譲渡等が直前の事業年度終了の日から 6 月以内に行われたときは上記イからハまでについて、譲渡等が同日後 1 年以内に行われたときは上記ニについて、それぞれ「直前の事業年度終了の日」を「直前の事業年

度終了の日の1年前の日」とした場合にそれぞれに該当するときについても、「経営環境の変化を示す一定の要件を満たす場合」に該当するものとする。

中小企業経営者の次世代経営者への引継ぎを支援する税制措置の創設・拡充
（事業承継税制④経営環境変化に応じた減免） （相続税・贈与税） 創設

- 現行制度では、後継者が自主廃業や売却を行う際、経営環境の変化により株価が下落した場合でも、承継時の株価を基に贈与・相続税を納税するため、過大な税負担が生じうる。
- 売却額や廃業時の評価額を基に納税額を再計算し、事業承継時の株価を基に計算された納税額との差額を減免。経営環境の変化による将来の不安を軽減。

制度概要

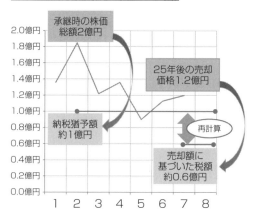

現行制度

事業承継時の株価を元に贈与税額・相続税額を算定し、猶予取消しとなった場合には、その贈与税額・相続税額を納税する必要がある

改正後

経営環境の変化を示す一定の要件を満たす場合において、事業承継時の価額と差額が生じているときは、売却・廃業時の株価を基に納税額を再計算し、減免可能とすることで将来不安を軽減

中小企業庁資料

（7） 相続時精算課税の適用

　特例後継者が贈与者の推定相続人以外の者（その年1月1日において、20歳以上である者に限る）であり、かつ、その贈与者が同日において60歳以上の者である場合には、相続時精算課税の適用を受けることができることになった（措法70の2の7）。

中小企業経営者の次世代経営者への引継ぎを支援する税制措置の創設・拡充　　創設
（事業承継税制⑤相続時精算課税制度の適用範囲の拡大）　　　（相続税・贈与税）

- 現行制度では、相続時精算課税制度は、原則として直系卑属への贈与のみが対象。
- 事業承継税制の適用を受ける場合には、相続時精算課税制度の適用範囲を拡大することにより、猶予取消し時に過大な税負担が生じないようにする。

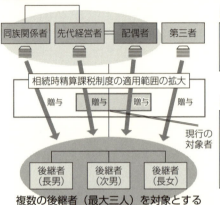

中小企業庁資料

5　特例措置の適用を受けるための手続

　特例措置の適用を受けるためには、前記4（1）の「特例承継計画」を策定し、平成35年3月31日都道府県知事に提出し、その確認を受けなければならない。

　「特例承継計画」の提出・確認の後、「贈与の実行」又は「相続の開始」があった場合以降の手続については、一般措置と同様である（次頁表参照）。

（1）贈与税の納税猶予についての手続

提出先
- 提出先は「主たる事務所の所在地を管轄する都道府県庁」です。
- 平成30年1月1日以降の贈与について適用することができます。

都道府県庁

承継計画の策定
- 会社が作成し、認定支援機関（商工会、商工会議所、金融機関、税理士等）が所見を記載。
- ※「承継計画」は、当該会社の後継者や承継時までの経営見通し等が記載されたものをいいます。
- 平成35年（2023年）3月31日までに提出可能
- ※平成35年（2023年）3月31日までに相続・贈与を行う場合、相続・贈与後に承継計画を提出することも可能。

贈与の実行

認定申請
- 贈与の翌年1月15日までに申請。
- 承継計画を添付。

税務署

税務署へ申告
- 認定書の写しとともに、贈与税の申告書等を提出。
- 相続時精算課税制度の適用を受ける場合には、その旨を明記。

都道府県庁／税務署

申告期限後5年間
- 都道府県庁へ「年次報告書」を提出（年1回）。
- 税務署へ「継続届出書」を提出（年1回）。

5年経過後実績報告
- 雇用が5年平均8割を下回った場合には、満たせなかった理由を記載し、認定支援機関が確認。その理由が、経営状況の悪化である場合等には認定支援機関から指導・助言を受ける。

6年目以降
- 税務署へ「継続届出書」を提出（3年に1回）。

（2）相続税の納税猶予についての手続

提出先
- 提出先は「主たる事務所の所在地を管轄する都道府県庁」です。
- 平成30年1月1日以降の贈与について適用することができます。

都道府県庁

承継計画の策定
- 会社が作成し、認定支援機関（商工会、商工会議所、金融機関、税理士等）が所見を記載。
- ※「承継計画」は、当該会社の後継者や承継時までの経営見通し等が記載されたものをいいます。
- 平成35年（2023年）3月31日までに提出可能
- ※平成35年（2023年）3月31日までに相続・贈与を行う場合、相続・贈与後に承継計画を提出することも可能。

相続の開始

認定申請
- 相続の開始後8ヶ月以内に申請。
- 承継計画を添付。

税務署

税務署へ申告
- 認定書の写しとともに、相続税の申告書等を提出。

都道府県庁／税務署

申告期限後5年間
- 都道府県庁へ「年次報告書」を提出（年1回）。
- 税務署へ「継続届出書」を提出（年1回）。

5年経過後実績報告
- 雇用が5年平均8割を下回った場合には、満たせなかった理由を記載し、認定支援機関が確認。その理由が、経営状況の悪化である場合等には認定支援機関から指導・助言を受ける。

6年目以降
- 税務署へ「継続届出書」を提出（3年に1回）。

財務省資料

6 特例措置における用語の比較

　贈与税の納税猶予制度の特例に関連する規定（措法70の7の5、70条の7の8）の用語と、相続税の納税猶予制度の特例の規定（措法70の7の6）の用語では、次のように一致する用語と相違する用語があることに留意しなければならない。

号	租税特別措置法 70条の7の5第2項	租税特別措置法 70条の7の6第2項	租税特別措置法 70条の7の8第2項	号
一	特例認定贈与承継会社	特例認定承継会社	特例経営相続承継受贈者	一
二	特例円滑化法認定	特例円滑化法認定	特例認定相続承継会社	二
三	資産保有型会社	資産保有型会社	非上場株式等	三
四	資産運用型会社	資産運用型会社	納税猶予分の相続税額	四
五	非上場株式等	非上場株式等	特例経営相続承継期間	五
六	特例経営承継受贈者	特例経営承継期間	経営相続報告基準日 (第1種相続基準日 第2種相続基準日)	六
七	特例経営贈与承継期間	特例経営承継相続人等		
八	納税猶予分の贈与税額	納税猶予分の相続税額		
九	経営贈与報告基準日 (第1種贈与基準日 第2種贈与基準日)	経営報告基準日 (第1種基準日 第2種基準日)		
その他の用語	特例対象受贈非上場株式等 (同条1項) 猶予中贈与税額 (同条2項九号ロ)	特例対象非上場株式等 (同条1項) 猶予中相続税額 (同条2項九号ロ)	特例対象相続非上場株式等 (同条1項)	その他の用語

126　Ⅰ　事業承継税制の概要

II 相続税の納税猶予制度の特例の仕組み

1 制度の概要

特例措置における非上場株式等に係る相続税の納税猶予制度（措法70の7の6）（以下「本特例」という）の基本的な仕組みは、一般措置における非上場株式等に係る相続税の納税猶予制度（措法70の7の2）と同様であり、これを準用する形で規定されている。

本特例は、特例経営承継相続人等が特例認定承継会社の代表権を有していた一定の個人（以下「特例被相続人」という）から相続又は遺贈によりその特例認定承継会社の非上場株式等の取得（平成30年1月1日から平成39年12月31日までの間の最初の本特例の適用に係る相続又は遺贈による取得及びその取得の日から特例経営承継期

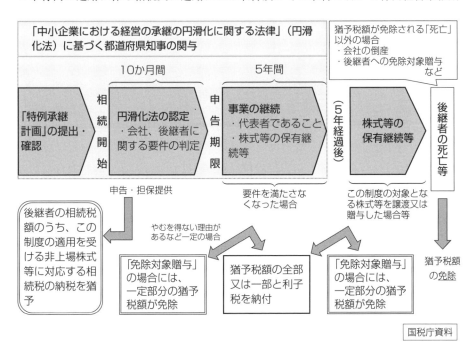

間の末日までの間（下記の「※」参照）に相続税の申告書の提出期限が到来する相続又は遺贈による取得に限る）をした場合には、その非上場株式等のうち特例対象非上場株式等に係る納税猶予分の相続税額に相当する相続税については、相続税の申告期限までに一定の担保を提供した場合に限り、その特例経営承継相続人等の死亡の日までその納税が猶予される（措法70の7の6①）。

　なお、その相続に係る相続税の申告期限までに、共同相続人又は包括受遺者によってまだ分割されていない非上場株式等は、一般措置と同様に本特例の適用を受けることができない（措法70の7の6⑤）。

※　本特例の適用を受ける前に非上場株式等についての贈与税の納税猶予制度の特例（措法70の7の5）の適用を受けている者については、平成30年1月1日から平成39年12月31日までの間の最初の贈与税の納税猶予制度の特例（措法70の7の5）の適用に係る贈与の日から特例経営承継期間の末日までの間となる（措令40の8の6④）。

2　適用を受けるための要件

　本特例は、基本的には一般措置における相続税の納税猶予制度と同じ要件であるが、本特例の適用を受けるためには、次の**(1)**から**(3)**の要件を満たす必要がある。

(1)　特例認定承継会社の範囲

　中小企業者のうち特例円滑化法認定（円滑化法12条1項1号の認定で円滑化省令6条1項12号又は14号の事由に係るものをいう）を受けた会社であって、一般措置における相続税猶予制度と同様の要件を満たすものをいう（措法70の7の6②一・二、措令40の8の6⑥～⑨）。

　なお、特例円滑化法認定を受けるためには、認定経営革新等支援機関の指導及び助言を受けて特例承継計画を作成し、これについて、平成35年3月31日までに都道府県知事の確認を受ける必要がある（円滑化省令6①十二・十四、7⑦十、⑨、16、17）。

（※1）　認定経営革新等支援機関とは、中小企業等経営強化法の規定による認定を受けた税務、金融及び企業財務に関する専門的知識や支援に係る実務経験が一定レベル以上の個人・法人・中小企業支援機関等（税理士・公認会計士・金融機関・商工会等）であって、中小企業に対して専門性の高い支援事業を行うものをいう（次のⅢも同様）。

（※2）　特例承継計画とは、中小企業者の経営を確実に承継するための具体的な計画であって、

これには、後継者（最大で3人まで）、後継者が非上場株式等を取得するまでの計画及び後継者が非上場株式等を取得してから5年間の経営計画を定める必要がある（次のⅢも同様）。

(2) 特例被相続人の範囲

　本特例は、同一の会社について、複数の者からの相続又は遺贈についても適用を受けることとされたが、相続又は遺贈の時期によって、特例被相続人の要件は以下のとおり異なる（措法70の7の6①、措令40の8の6①）。

① 最初の相続又は遺贈に係る特例被相続人

　その特例認定承継会社について最初に本特例を受ける場合の特例被相続人の要件は一般措置における相続税の納税猶予制度と同様である。

　つまり、相続の開始前において、特例認定承継会社の代表権を有していた個人で、次に掲げる要件のすべてを満たすものをいう。

　　イ　相続の開始の直前（その個人がその相続の開始の直前においてその特例認定承継会社の代表権を有しない場合には、その個人が代表権を有していた期間内のいずれかの時及びその相続の開始の直前）において、その個人及びその同族関係者の有するその特例認定承継会社の非上場株式等に係る議決権の数の合計が、その特例認定承継会社の総株主等議決権数の100分の50を超える数であること

　　ロ　相続の開始の直前（その個人がその相続の開始の直前においてその特例認定承継会社の代表権を有しない場合には、その個人が代表権を有していた期間内のいずれかの時及びその相続の開始の直前）において、その個人が有するその特例認定承継会社の非上場株式等に係る議決権の数が、その個人の同族関係者（その特例認定承継会社の特例経営承継相続人等となる者を除く）のうちいずれの者が有するその非上場株式等に係る議決権の数をも下回らないこと

② 2回目以降の相続又は遺贈に係る特例被相続人

　その特例認定承継会社について本特例を受けるための2回目以降の相続又は遺贈、つまり、次に掲げる者のいずれかに該当する者が存する場合の特例被相続人の要件は、特例認定承継会社の非上場株式等を有していた個人とされている。

　　イ　その特例認定承継会社の非上場株式等について、本特例、非上場株式等についての贈与税の納税猶予制度の特例（措法70の7の5①）又は非上場株式等の特例贈与者が死亡した場合の相続税の納税猶予制度の特例（措法70の7の8①）の適

用を受けている者

ロ　前記①の者から本特例の適用に係る相続又は遺贈によりその特例認定承継会社の非上場株式等の取得をしている者で、その相続に係る相続税の申告期限が到来していないため、まだその申告をしていないもの

ハ　特例贈与者から非上場株式等についての贈与税の納税猶予制度の特例（措法70の7の5①）の規定の適用に係る贈与によりその特例認定贈与承継会社の非上場株式等の取得をしている者でその贈与に係る贈与税の申告期限が到来していないため、まだその申告をしていないもの

(3)　特例経営承継相続人等の範囲

本特例における特例経営承継相続人等は、1社につき3人まで適用を受けることができることとされ、相続時における議決権数の要件は次のようになった（措法70の7の6②七ハ）。

①　特例経営承継相続人等が1人の場合

その者の議決権の数が、その者の同族関係者（既に同一の会社について本特例及び非上場株式等についての相続税の納税猶予制度の特例（措法70の7の8①）の適用を受けている者を除く）のうちいずれの者が有する議決権の数をも下回らないこと。

②　特例経営承継相続人等が2人又は3人の場合

これらの者の議決権の数が、総株主等議決権数の100分の10以上であること及びこれらの者の同族関係者（既に同一の会社について本特例及び相続税の納税猶予制度の特例（措法70の7の8①）の適用を受けている者を除く）のうちいずれの者が有する議決権の数をも下回らないこと。

なお、同一の会社について、一般措置における相続税の納税猶予制度と本特例を重複して適用することはできない（措法70の7の6②七ホ）。

また、特例経営承継相続人等は、都道府県知事の確認を受けた特例承継計画に定められた特例後継者である必要がある（措法70の7の6②七ヘ、措規23の12の3⑨一）。

3　特例経営承継期間

本特例は、同一の会社について、複数の被相続人からの相続又は遺贈が、また、複

数の特例経営承継相続人等がこの特例の適用対象となったことに伴い、特例経営承継期間は、本特例の適用を受けるための最初の相続に係る相続税の申告書の提出期限（先に贈与税の納税猶予制度の特例の適用を受けている場合には、その最初の贈与に係る贈与税の申告書の提出期限）から5年間とされている（措法70の7の6②六）（Ⅲ3の図表参照）。

4　特例対象非上場株式等の範囲

　本特例の対象となる特例対象非上場株式等とは、相続又は遺贈により取得した特例認定承継会社の非上場株式等（議決権に制限のないものに限る）のうち相続税の申告書に本特例の適用を受けようとする旨の記載があるものをいう。

　なお、一般措置における相続税の納税猶予制度においては、発行済株式総数の3分の2までという適用上限（措法70の7の2①）がある。本特例にはこの制限はない。

　また、特例経営承継相続人等が次のⅢの特例の適用を受けていた場合において、次のⅢの特例の適用に係る特例贈与者がその相続開始の直前に保有していた特例認定承継会社の非上場株式等についても本特例の適用対象となる。

5　納税猶予分の相続税額の計算

　一般措置における相続税の納税猶予制度では、非上場株式等の課税価格の80％に対応する相続税額が納税猶予分の相続税額とされているが、本特例では、特例対象非上場株式等の課税価格の全てに対応する相続税額が納税猶予分の相続税額とされている。

　納税猶予分の相続税額は、次の ステップ1 から ステップ3 により特例承継相続人等の猶予税額を算出する（措法70の7の6②八、措令40の8の6⑮〜㉒）。

第2章　特例措置における事業承継税制の仕組み　*131*

ステップ1

課税価格の合計額に基づいて計算した相続税の総額のうち、後継者の課税価格に対応する相続税を計算します。

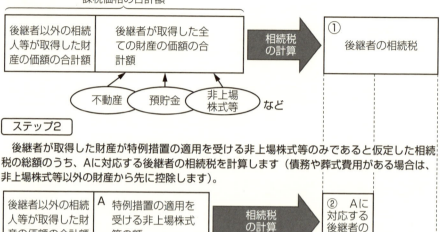

ステップ2

後継者が取得した財産が特例措置の適用を受ける非上場株式等のみであると仮定した相続税の総額のうち、Aに対応する後継者の相続税を計算します（債務や葬式費用がある場合は、非上場株式等以外の財産から先に控除します）。

ステップ3

「②の金額」が「納税が猶予される相続税」となります。
なお、「①の金額」から「納税が猶予される相続税（②の金額）」を控除した「③の金額（納付税額）」は、相続税の申告期限までに納付する必要があります。

国税庁資料

(2) 具体的な設例による相続税の猶予税額の計算

① 設例

- 被相続人の相続財産は、3億2,000万円とする。
- 後継者以外の子Aが取得した財産は、1億5,000万円とする。
- 後継者である子Bが取得した財産は1億7,000万円であり、その内訳は、納税猶予の適用を受ける甲社株式が1億2,000万円、他の財産が5,000万円とする。
- 後継者である子Bが取得した甲社株式1億2,000万円は発行済議決権株式のすべてであるが、特例ではすべての株式が納税猶予の対象になるとともに猶予割合は100％に緩和されている。

② 特例による相続税の猶予税額の計算

特例では、適用対象株式の上限（3分の2）が撤廃され、納税猶予割合も100％拡充されていることから、後継者である子Bが取得した甲社株式1億2,000万円が、すべて猶予の対象となるため、一般措置と比較して（87頁の計算例1・計算例2）、猶予税額が増加する仕組みに改められた。

<特例措置における相続税の猶予税額の計算（平成30年1月1日から10年間）>

※ 甲社株式　　　　　　1億2,000万円（発行済議決権株式等のすべて）
※ 特例措置適用株式　　1億2,000万円（3分の2の制限なし）

計算例　3			
項　目	総　額	子A	子B（後継者）
甲社株式	1億2,000万円		1億2,000万円
他の財産	2億0,000万円	1億5,000万円	5,000万円
課税価格	3億2,000万円	1億5,000万円	1億7,000万円
相続税額	7,720万円	3,619万円	4,101万円
猶予税額	△2,542万円		△2,542万円
納付税額	5,178万円	3,619万円	1,559万円

※ 子B（後継者）の相続税額及び猶予税額の計算過程は、下の計算例3を参照。

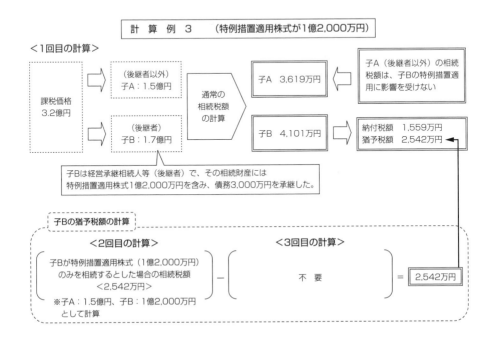

6　事業の継続が困難な事由が生じた場合の減免制度

（1）　時価（相続税評価額）の２分の１までの部分に対応する猶予税額の免除

　本特例の適用を受ける特例経営承継相続人等又は特例対象非上場株式等に係る特例認定承継会社が、次の①から④までのいずれかに掲げる場合に該当することとなった場合（その特例認定承継会社の事業の継続が困難な事由として一定の事由が生じた場合に限る（下記の「※」（137頁）参照））において、その特例経営承継相続人等は、その①から④までの相続税の免除を受けようとするときは、その該当することとなった日から２か月を経過する日（以下「申請期限」という）までに、免除を受けたい旨、免除を受けようとする相続税に相当する金額及びその計算の明細その他の事項を記載した申請書（免除の手続に必要な書類その他の書類を添付したものに限る）を納税地の所轄税務署長に提出しなければならない（措法70の7の6⑬）。

①　譲渡等をした場合

特例経営承継期間の末日の翌日以後に、特例経営承継相続人等が特例対象非上場株式等の全部又は一部の譲渡等をした場合（その特例経営承継相続人等の同族関係者以外の者に対して行う場合に限る）において、次に掲げる⑦と⓪の金額の合計額（⑦＋⓪）が、その譲渡等の直前における猶予中相続税額（その譲渡等をした特例対象非上場株式等の数又は金額に対応する部分の額に限る）に満たないとき	⇒	その猶予中相続税額からその合計額（⑦＋⓪）を控除した残額に相当する相続税

⑦　譲渡等の対価の額（その額がその譲渡等をした時における譲渡等をした数又は金額に対応する特例対象非上場株式等の相続税評価額の２分の１以下である場合には、相続税評価額の２分の１に相当する金額）を本特例の適用に係る相続により取得をした特例対象非上場株式等のその相続の時における価額とみなして計算した納税猶予分の相続税額

＋

⓪　譲渡等があった日以前５年以内において、特例経営承継相続人等及びその特例経営承継相続人等の同族関係者がその特例認定承継会社から受けた剰余金の配当等の額とその特例認定承継会社から受けた法人税法の規定により過大役員給与等とされる金額との合計額

134　Ⅱ　相続税の納税猶予制度の特例の仕組み

② 合併により消滅した場合

特例経営承継期間の末日の翌日以後に、特例対象非上場株式等に係る特例認定承継会社が合併により消滅した場合（吸収合併存続会社等が特例経営承継相続人等の同族関係者以外のものである場合に限る）において、次に掲げる④と回の金額の合計額（④＋回）がその合併がその効力を生ずる直前における猶予中相続税額に満たないとき

⇒ その猶予中相続税額からその合計額（④＋回）を控除した残額に相当する相続税

④ 合併対価（吸収合併存続会社等が合併に際して消滅する特例認定承継会社の株主又は社員に対して交付する財産をいう）の額（その額がその合併がその効力を生ずる直前における特例対象非上場株式等の相続税評価額の2分の1以下である場合には、相続税評価額の2分の1に相当する金額）を本特例の適用に係る相続により取得をした特例対象非上場株式等のその相続の時における価額とみなして計算した納税猶予分の相続税額

＋

回 合併がその効力を生ずる日以前5年以内において、特例経営承継相続人等及びその特例経営承継相続人等の同族関係者がその特例認定承継会社から受けた剰余金の配当等の額とその特例認定承継会社から受けた法人税法の規定により過大役員給与等とされる金額の合計額

③ 株式交換等により他の会社の株式交換完全子会社等となった場合

特例経営承継期間の末日の翌日以後に、特例対象非上場株式等に係る特例認定承継会社が株式交換又は株式移転（以下「株式交換等」という）により他の会社の株式交換完全子会社等となった場合（当該他の会社が特例経営承継相続人等の同族関係者以外のものである場合に限る）において、次に掲げる④と回金額の合計額（④＋回）がその株式交換等がその効力を生ずる直前における猶予中相続税額に満たないとき

⇒ その猶予中相続税額からその合計額（④＋回）を控除した残額に相当する相続税

④ 交換等対価（当該他の会社が株式交換等に際して株式交換完全子会社等となった特例認定承継会社の株主に対して交付する財産をいう）の額（その額がその株式交換等がその効力を生ずる直前における特例対象非上場株式等の相続税評価額の2分の1以下である場合には、相続税評価額の2分の1に相当する金額）を本特例の適用に係る相続により取得をした特例対象非上場株式等のその相続の時における価額とみなして計算した納税猶予分の相続税額

＋

ロ 株式交換等がその効力を生ずる日以前5年以内において、特例経営承継相続人等及びその特例経営承継相続人等の同族関係者がその特例認定承継会社から受けた剰余金の配当等の額とその特例認定承継会社から受けた法人税法の規定により過大役員給与等とされる金額の合計額

④ 解散をした場合

特例経営承継期間の末日の翌日以後に、特例対象非上場株式等に係る特例認定承継会社が解散をした場合において、次に掲げるイとロの金額の合計額（イ＋ロ）がその解散の直前における猶予中相続税額に満たないとき	⇒	その猶予中相続税額からその合計額（イ＋ロ）を控除した残額に相当する相続税

イ 解散の直前における特例対象非上場株式等の相続税評価額を、本特例の適用に係る相続により取得をした特例対象非上場株式等のその相続の時における価額とみなして計算した納税猶予分の相続税額

＋

ロ 解散の日以前5年以内において、特例経営承継相続人等及びその特例経営承継相続人等の同族関係者がその特例認定承継会社から受けた剰余金の配当等の額及びその特例認定承継会社から受けた法人税法の規定により過大役員給与とされる金額の合計額

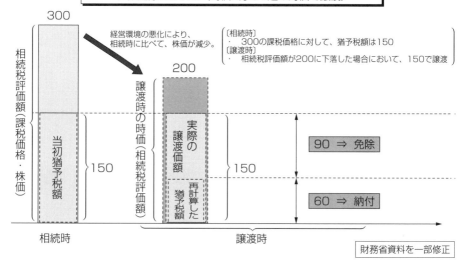

※ 前記の「特例認定承継会社の事業の継続が困難な事由として一定の事由」とは、次のいずれか（特例認定承継会社が解散をした場合にあっては、ホを除く）に該当する場合をいう（措令40の8の6（29）、措規23の12の3⑳～㉓）。

イ 直前３事業年度のうち２事業年度以上が赤字であること
　直前事業年度（特例経営承継相続人等又は特例認定承継会社が前記①から④までのいずれかに該当することとなった日の属する事業年度の前事業年度をいう）及びその直前の３事業年度（直前事業年度の終了の日の翌日以後６か月を経過する日後に前記①から④までのいずれかに該当することとなった場合には、２事業年度）のうち２以上の事業年度において、特例認定承継会社の経常損益金額（会社計算規則91条１項に規定する経常損益金額をいう）が零未満であること

ロ 直前３事業年度のうち２事業年度以上の売上高が前事業年度より減少していること
　直前事業年度及びその直前の３事業年度（直前事業年度の終了の日の翌日以後６か月を経過する日後に前記①から④までのいずれかに該当することとなった場合には、２事業年度）のうち２以上の事業年度において、各事業年度の平均総収入金額（総収入金額（会社計算規則88条１項４号に掲げる営業外収益及び同項６号に掲げる特別利益以外のものに限る）を総収入金額に係る事業年度の月数で除して計算した金額をいう）が、各事業年度の前事業年度の平均総収入金額を下回ること

ハ 直前事業年度の負債利子が売上高の６か月以上であること
　次に掲げる事由のいずれか（直前事業年度の終了の日の翌日以後６か月を経過する日後に前記①から④でのいずれかに該当することとなった場合には、前記①に掲げる事由）に該当すること
　(イ) 特例認定承継会社の直前事業年度の終了の日における負債（利子（特例経営承継相続人等の同族関係者に対して支払うものを除く）の支払の基因となるものに限る）の帳簿価額が、直前事業年度の平均総収入金額に６を乗じて計算した金額以上であること
　(ロ) 特例認定承継会社の直前事業年度の前事業年度の終了の日における負債の帳簿価額が、その事業年度の平均総収入金額に６を乗じて計算した金額以上であること

ニ　業種平均株価が前判定期間等の業種平均株価を下回ること
次に掲げる事由のいずれかに該当すること
(イ)　判定期間（直前事業年度の終了の日の1年前の日の属する月から同月以後1年を経過する月までの期間をいう）における業種平均株価が、前判定期間（判定期間の開始前1年間をいい、(ロ)において同じ）における業種平均株価を下回ること
(ロ)　前判定期間における業種平均株価が、前々判定期間（前判定期間の開始前1年間をいう）における業種平均株価を下回ること
（注）　業種平均株価とは、判定期間、前判定期間又は前々判定期間に属する各月における上場株式平均株価（金融商品取引法130条の規定により公表された上場会社の株式の毎日の最終の価格を利用して算出した価格の平均値をいい、具体的には、非上場株式等の相続税評価額の算定に用いるために国税庁において公表する業種目別株価となる）を合計した数を12で除して計算した価格をいう。
ホ　特例経営承継相続人等が業務に従事できなくなったこと
特例経営承継相続人等（上記①から④までのいずれかに該当することとなった時において特例認定承継会社の役員又は業務を執行する社員であった者に限る）が心身の故障その他の事由により当該特例認定承継会社の業務に従事することができなくなったこと

(2)　実際の譲渡等の価額が相続税評価額の2分の1を下回った場合の納税猶予

　上記 **(1)** ①から③までに該当する場合で、かつ、次の①から③までに該当する場合において、特例経営承継相続人等が下記 **(3)** の適用を受けようとするときは、前記 **(1)** にかかわらず、申請期限までに前記 **(1)** ①から③までのそれぞれ(イ)及び(ロ)に掲げる金額の合計額に相当する担保を提供した場合で、かつ、その申請期限までに本特例の適用を受けようとする旨、その金額の計算の明細その他の事項を記載した申請書を納税地の所轄税務署長に提出した場合に限り、再計算対象猶予税額（前記 **(1)** ①に該当する場合には猶予中相続税額のうちその譲渡等をした特例対象非上場株式等の数又は金額に対応する部分の額をいい、前記 **(1)** ②又は③に該当する場合には猶予中相続税額に相当する金額をいう）からその合計額を控除した残額を免除し、その合計額（前記 **(1)** ①に該当する場合には、その合計額に猶予中相続税額からその再計算対象猶予税額を控除した残額を加算した金額）を猶予中相続税額とすることができる（措法70の7の6⑭）。

①　前記 **(1)** ①の対価の額がその譲渡等をした時における特例対象非上場株式等の相続税評価額の2分の1以下である場合
②　前記 **(1)** ②の合併対価の額が合併がその効力を生ずる直前における特例対象非上場株式等の相続税評価額の2分の1以下である場合
③　前記 **(1)** ③の交換等対価の額が株式交換等がその効力を生ずる直前における特例対象非上場株式等の相続税評価額の2分の1以下である場合

（3） 実際の譲渡等の価額が相続税評価額の２分の１を下回った場合の猶予税額の免除

前記（2）①から③までに該当することとなった日から２年を経過する日において、前記（2）により猶予中相続税額とされた金額に相当する相続税の納税猶予に係る期限及び免除については、次に掲げる場合の区分に応じそれぞれ次に定めるところによる（措法70の7の6⑮）。

① 次に掲げる会社がその２年を経過する日においてその事業を継続している場合

特例再計算相続税額（前記（2）②又は③に該当する場合には、その合併又は株式交換等に際して交付された株式等以外の財産の価額に対応する部分の額に限る）に相当する相続税については、その２年を経過する日から２か月を経過する日（以下「再申請期限」という）をもって納税猶予に係る期限となるため、この相続税及び納税猶予期間に対応する利子税を納付しなければならない。

また、前記（2）により猶予中相続税額とされた金額から特例再計算相続税額を控除した残額に相当する贈与税については免除することとされた。

- イ　前記（2）①の場合におけるその譲渡等をした特例対象受贈非上場株式等に係る会社
- ロ　前記（2）②の場合におけるその合併に係る吸収合併存続会社等
- ハ　前記（2）③の場合におけるその株式交換等に係る株式交換完全子会社等

② 前記（2）①から③までの会社がその２年を経過する日において事業を継続していない場合

前記（2）により猶予中相続税額とされた金額（前記（2）①に該当する場合にはその譲渡等をした特例対象非上場株式等の数又は金額に対応する部分の額に、前記（2）②又は③に該当する場合にはその合併又は株式交換等に際して交付された株式等以外の財産の価額に対応する部分の額に限る）に相当する相続税については、再申請期限をもって納税猶予に係る期限となるため、この相続税及び納税猶予期間に対応する利子税を納付しなければならない。

（※1）「事業を継続している場合」とは、次の要件のすべてを満たす場合をいう（措令40の8の6㊳）。

- (イ)　商品の販売その他の業務を行っていること
- (ロ)　前記（1）①から③までに該当することとなった時の直前における特例認定承継会社の常

時使用従業員のうちその総数の2分の1に相当する数（その数に1人未満の端数があるときはこれを切り捨てた数とし、その該当することとなった時の直前における常時使用従業員の数が1人のときは1人とする）以上の者が、その該当することとなった時から前記の2年を経過する日まで引き続き前記①イからハまでに掲げる会社の常時使用従業員であること

(ハ) (ロ)の常時使用従業員が勤務している事務所、店舗、工場その他これらに類するものを所有し、又は賃借していること

(※2) 「特例再計算相続税額」とは、実際の譲渡等の対価の額、合併対価の額又は交換等対価の額に相当する金額を相続により取得をした特例対象非上場株式等のその相続の時における価額とみなして計算した納税猶予分の相続税額に、それぞれ前記 (1) ①ロ、②ロ又は③ロに掲げる金額を加算した金額をいう。

なお、前記①により相続税の免除を受けようとする特例経営承継相続人等は、再申請期限までに、免除を受けたい旨、免除を受けようとする相続税に相当する金額及びその計算の明細その他の事項を記載した申請書（その免除の手続に必要な書類その他の書類を添付したものに限る）を納税地の所轄税務署長に提出しなければならない（措法70の7の6⑰）。

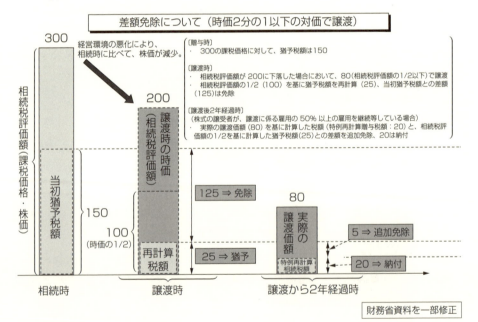

(4) 税務署長による調査

税務署長は、前記 (1) から (3) までの申請書の提出があった場合において、これ

らの申請書に記載された事項について調査を行い、これらの申請書に係る相続税の免除をし、又はこれらの申請書に係る申請の却下をする。

　この場合において、税務署長は、これらの申請書に係る申請期限又は再申請期限の翌日から起算して6か月以内に、免除をした相続税の額又は却下をした旨及びその理由を記載した書面により、これをこれらの申請書を提出した特例経営承継相続人等に通知することとされている（措法70の7の6⑱）。

7　その他の取扱い

　本特例における次の取扱いについては、基本的には「第1章Ⅱ相続税の納税猶予制度の仕組み」と同様のため、13頁～53頁を参照されたい。

＜適用を受けるための手続＞
　(1)　期限内申告書の提出（措法70の7の6①・⑥）
　(2)　担保の提供（措法70の7の6①）

＜納税猶予期間中の手続＞
　(1)　継続届出書の提出（措法70の7の6⑦）
　(2)　継続届出書未提出の場合（措法70の7の6⑨）
　(3)　担保の変更の命令違反等の場合の納税猶予期限の繰上げ（措法70の7の6⑩）

＜納税猶予における期限の確定＞
　(1)　経営承継期間内における納税猶予に係る期限の全部確定（措法70の7の6③）
　(2)　経営承継期間内における納税猶予に係る期限の一部確定（措法70の7の6③）
　(3)　経営承継期間後における納税猶予に係る期限の確定（措法70の7の6③）

＜猶予税額が免除される場合＞
　(1)　経営承継相続人等の死亡等による猶予税額の免除（措法70の7の6⑫）
　(2)　経営承継期間経過後における猶予税額の免除（措法70の7の6⑫）

＜その他の取扱い＞
　(1)　未分割の場合の不適用（措法70の7の6⑤）
　(2)　同族会社等の行為又は計算の否認等の規定の準用（措法70の7の6⑪）
　(3)　利子税（措法70の7の6㉓）
　(4)　経営承継会社に該当しない会社（措法70の7の6㉕）

※　納税猶予に係る期限の確定及び免除

◆ 納税が猶予されている相続税を納付する必要がある主な場合

(1) 下表の「A」に該当した場合には、納税が猶予されている相続税の<u>全額</u>と利子税を併せて納付します。

　　この場合、この制度の適用は終了します。

(2) 下表の「B」に該当した場合には、納税が猶予されている相続税のうち、譲渡等した部分に対応する相続税と利子税を併せて納付します。

(注) 譲渡等した部分に対応しない相続税については、引き続き納税が猶予されます。

納税猶予税額を納付する 必要がある主な場合	（特例）経営 承継期間内	（特例）経営 承継期間の 経過後
この制度の適用を受けた非上場株式等についてその一部を譲渡等（「免除対象贈与」を除きます）した場合	A	B
後継者が会社の代表権を有しなくなった場合	A（※1）	C（※2）
会社が資産管理会社に該当した場合（一定の要件を満たす会社を除きます）	A	A
一定の基準日（※4）における雇用の平均が、「相続時の雇用の8割」を下回った場合	C（※2、3） （一般措置はA）	C（※2）

(※1) やむを得ない理由（7頁参照）がある場合を除きます。

(※2) 「C」に該当した場合には、引き続き納税が猶予されます。

(※3) 円滑化省令では、下回った理由等を記載した報告書を都道府県知事に提出し、確認を受けることとされています。

　　　なお、その報告書及び確認書の写しは、継続届出書に添付することとされています。

(※4) 雇用の平均は、（特例）経営承継期間の末日に判定します。

国税庁資料

142　Ⅱ　相続税の納税猶予制度の特例の仕組み

Ⅲ 贈与税の納税猶予制度の特例の仕組み

1 制度の概要

　特例措置における非上場株式等に係る贈与税の納税猶予制度（措法70の7の5）（以下「本特例」という）の基本的な仕組みは、一般措置における非上場株式等に係る贈与税の納税猶予制度（措法70の7）と同様であり、これを準用する形で規定されている。

　本特例は、特例経営承継受贈者が、特例認定贈与承継会社の非上場株式等を有していた特例贈与者（その特例認定贈与承継会社の非上場株式等について既に本特例の適用に係る贈与をしているものを除く。以下「特例贈与者」という）からその特例認定

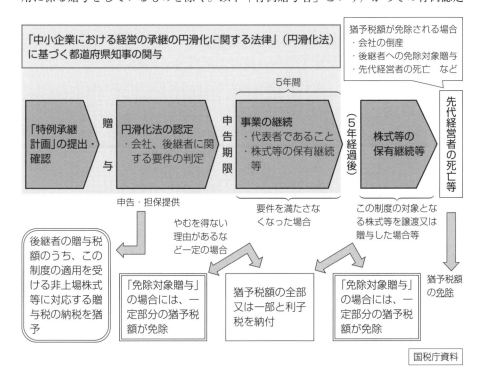

国税庁資料

第2章　特例措置における事業承継税制の仕組み　143

贈与承継会社の非上場株式等を贈与（平成30年1月1日から平成39年12月31日までの間の最初の本特例の適用に係る贈与及びその贈与の日から特例経営贈与承継期間の末日までの間（下記「※」参照）に贈与税の申告書の提出期限が到来する贈与に限る）により取得した場合において、その贈与が次の**(1)**又は**(2)**に掲げる場合の区分に応じ、それぞれ**(1)**又は**(2)**の贈与であるときは、その特例対象受贈非上場株式等に係る納税猶予分の贈与税額に相当する贈与税については、その納税猶予分の贈与税額に相当する担保を提供した場合に限り、その特例贈与者（特例対象受贈非上場株式等が経営承継受贈者又は特例経営承継受贈者である特例贈与者の免除対象贈与により取得したものである場合における贈与税については、免除対象贈与をした最初の経営承継受贈者又は特例経営承継受贈者にその特例対象受贈非上場株式等の贈与をした者）の死亡の日まで、その納税が猶予される（措法70の7の5①）。

※ 本特例の適用を受ける前に非上場株式等についての相続税の納税猶予制度の特例（措法70の7の6）の適用を受けている者については、平成30年1月1日から平成39年12月31日までの間の最初の相続税の納税猶予制度の特例（措法70の7の6）の適用に係る相続の開始の日から特例経営贈与承継期間の末日までの間となる（措令40の8の5②）。

(1) 特例経営承継受贈者が1人である場合

①又は②に掲げる区分に応じ、それぞれ①又は②に定める贈与をいう。

① A≦Bの場合 ……A以上の数又は金額に相当する非上場株式等の贈与

② A＞Bの場合 ……Bの全ての贈与

$$
A: \left[\begin{array}{l} \text{贈与の直前において} \\ \text{特例経営承継受贈者} \\ \text{が有していたその特} \\ \text{例認定贈与承継会社} \\ \text{の非上場株式等の数} \\ \text{又は金額} \end{array} \right] \times \frac{2}{3} - \left[\begin{array}{l} \text{贈与の直前において} \\ \text{特例経営承継受贈者} \\ \text{が有していたその特} \\ \text{例認定贈与承継会社} \\ \text{の非上場株式等の数} \\ \text{又は金額} \end{array} \right]
$$

B：贈与の直前において贈与者が有していた認定贈与承継会社の非上場株式等の数又は金額

(2) 特例経営承継受贈者が2人又は3人である場合

その贈与後におけるいずれの特例経営承継受贈者の有する当該特例認定贈与承継会社の非上場株式等の数又は金額が特例認定贈与承継会社の発行済株式又は出資の総数

又は総額の10％以上となる贈与であって、かつ、その贈与後におけるいずれの特例経営承継受贈者の有する当該特例認定贈与承継会社の非上場株式等の数又は金額がその特例贈与者の有する当該特例認定贈与承継会社の非上場株式等の数又は金額を上回る贈与をいう。

2　適用を受けるための要件

　基本的には、一般措置における贈与税の納税猶予制度と同じ要件であるが、本特例の適用を受けるためには、次の**（1）**から**（3）**の要件を満たす必要がある。

（1）　特例認定贈与承継会社の要件

　中小企業者のうち特例円滑化法認定（円滑化法12条1項1号の認定で円滑化省令6条1項11号又は13号の事由に係るものをいう）を受けた会社であって、一般措置における贈与税の納税猶予制度と同様の要件を満たすものをいう（措法70の7の5②一・二、措令40の8の5⑤〜⑨）。

　なお、特例円滑化法認定を受けるためには、認定経営革新等支援機関の指導及び助言を受けて特例承継計画を作成し、これについて、平成35年3月31日までに都道府県知事の確認を受ける必要がある（円滑化省令6①十一・十三、7⑥十、⑧、16、17）。

　したがって、同日後に贈与を受けた非上場株式等について、本特例の適用を受けるためには、同日前に特例承継計画の都道府県知事の確認を受けておく必要がある。

（2）　特例贈与者の要件

　本特例は、同一の会社において、複数の者からの贈与についても適用を受けることができるようになったが、贈与の時期によって、贈与者の要件は次のように異なる（措法70の7の5①、措令40の8の5①）。

①　最初の贈与に係る贈与者

　本特例は、その会社において最初に本特例を受ける場合の贈与者の要件は一般措置における贈与税の納税猶予制度と同様であり、贈与の時前に特例認定贈与承継会社の代表権を有していた個人で、次に掲げる要件のすべてを満たすものをいう。

　　イ　贈与の直前（その個人がその贈与の直前においてその特例認定贈与承継会社の代表権を有しない場合には、その個人が代表権を有していた期間内のいずれかの

第2章　特例措置における事業承継税制の仕組み　　*145*

時及びその贈与の直前）において、その個人及びその同族関係者の有するその特例認定贈与承継会社の非上場株式等に係る議決権の数の合計が、その特例認定贈与承継会社の総株主等議決権数の100分の50を超える数であること

ロ　贈与の直前（その個人がその贈与の直前においてその特例認定贈与承継会社の代表権を有しない場合には、その個人が代表権を有していた期間内のいずれかの時及びその贈与の直前）において、その個人が有するその特例認定贈与承継会社の非上場株式等に係る議決権の数が、その個人の同族関係者（その特例認定贈与承継会社の特例経営承継受贈者となる者を除く）のうちいずれの者が有するその非上場株式等に係る議決権の数をも下回らないこと

ハ　贈与の時において、その個人がその特例認定贈与承継会社の代表権を有していないこと

②　2回目以降の贈与に係る贈与者

　その会社において、本特例を受けるための2回目以降の贈与、つまり、次に掲げる者のいずれかに該当する者が存する場合の贈与者の要件は、特例認定贈与承継会社の非上場株式等を有していた個人で、贈与の時においてその特例認定贈与承継会社の代表権を有していないものとされる。

イ　その特例認定贈与承継会社の非上場株式等について、本特例、非上場株式等についての相続税の納税猶予制度の特例（措法70の7の6①）又は非上場株式等の特例贈与者が死亡した場合の相続税の納税猶予制度の特例（措法70の7の8①）の適用を受けている者

ロ　前記①の者から本特例の適用に係る贈与によりその特例認定贈与承継会社の非上場株式等の取得をしている者でその贈与に係る贈与税の申告期限が到来していないため、まだその申告をしていないもの

ハ　特例被相続人から非上場株式等についての相続税の納税猶予制度の特例（措法70の7の6①）の規定の適用に係る相続又は遺贈により当該特例認定贈与承継会社の非上場株式等の取得をしている者でその相続に係る相続税の申告期限が到来していないため、まだその申告をしていないもの

(3)　特例経営承継受贈者の要件

　一般措置における贈与税の納税猶予制度においては、制度の適用を受けることができる経営承継受贈者は、原則として1社につき1人とされていたが、本特例における

146　Ⅲ　贈与税の納税猶予制度の特例の仕組み

特例経営承継受贈者は、1社につき3人までとされた。

これに伴い、贈与時における議決権数の要件が次のようになった（措法70の7の5②六ニ）。

① 特例経営承継受贈者が1人の場合

その者の議決権の数が、その者の同族関係者（既に同一の会社について本特例及び非上場株式等についての相続税の納税猶予制度の特例（措法70の7の6①）の適用を受けている者を除く）のうちいずれの者が有する議決権の数をも下回らないこと。

② 特例経営承継受贈者が2人又は3人の場合

これらの者の議決権の数が、総株主等議決権数の100分の10以上であること及びこれらの者の同族関係者（既に同一の会社についてこの特例及び相続税の納税猶予制度の特例の適用を受けている者を除く）のうちいずれの者が有する議決権の数をも下回らないこと。

なお、同一の会社について、一般措置における贈与税の猶予制度と本特例を重複して適用することはできない（措法70の7の5②六ト）。

また、特例経営承継受贈者は、都道府県知事の確認を受けた特例承継計画に定められた特例後継者である必要がある（措法70の7の5②六チ、措規23の12の2⑨）。

3 特例経営贈与承継期間

同一の会社について、複数の贈与者からの贈与が、また、複数の特例経営承継受贈者が本特例の適用対象となったが、特例経営贈与承継期間は、本特例の適用を受けるための最初の贈与に係る贈与税の申告書の提出期限（先に相続税の納税猶予制度の特例（措法70の7の6①）の適用を受けている場合には、その最初の相続に係る相続税の申告書の提出期限）から5年間とされている（措法70の7の5②七）。

なお、この特例経営贈与承継期間は、特例経営承継受贈者ごとに判定することになるため、例えば、A・B2人の特例経営承継受贈者が本特例の適用を受ける場合には、同年中に贈与を受ければ、同時期に特例経営贈与承継期間は終了するが、仮にBが1年遅れて贈与を受ければ、Bの特例経営贈与承継期間の終了時期は、Aの1年後になる。

〈制度の対象となる承継のタイミングについて〉

【ケース①】贈与が最初の場合
　X1年に最初の贈与を受けた場合、(特例)経営贈与承継期間の末日はX7年3月15日
⇒　最初の贈与の日からX7年3月15日までに申告書の提出期限が到来する贈与・相続が対象

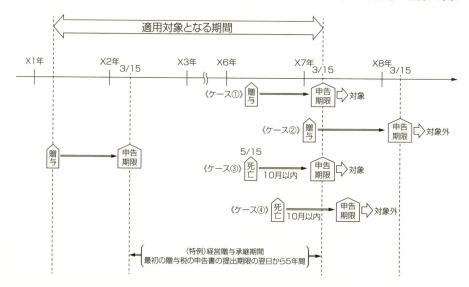

【ケース②】相続が最初の場合
　X1年7月1日に最初の相続を受けた場合、経営承継期間等の末日はX7年5月1日
⇒　最初の相続の日からX7年5月1日までに申告書の提出期限が到来する贈与・相続が対象

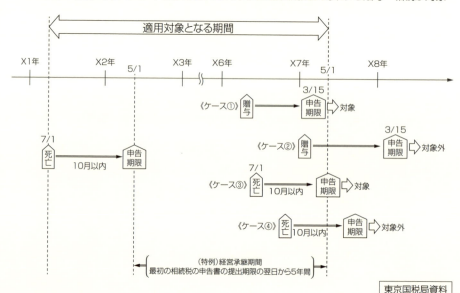

東京国税局資料

4 特例対象受贈非上場株式等の範囲

　本特例の対象となる特例対象受贈非上場株式等とは、贈与により取得した特例認定贈与承継会社の非上場株式等（議決権に制限のないものに限る）のうち贈与税の申告書に本特例の適用を受けようとする旨の記載があるものをいう。

　なお、一般措置における贈与税の納税猶予制度は、発行済株式総数の３分の２までという適用上限（措法70の7①）があるが、本特例にはこの制限がない。

5 納税猶予分の贈与税額の計算

（1）　三段階による猶予税額の計算

　納税猶予分の贈与税額は、次の ステップ1 から ステップ3 により特例経営承継受贈者の猶予税額を算出する（措法70の7の5②八）。

第2章　特例措置における事業承継税制の仕組み　　149

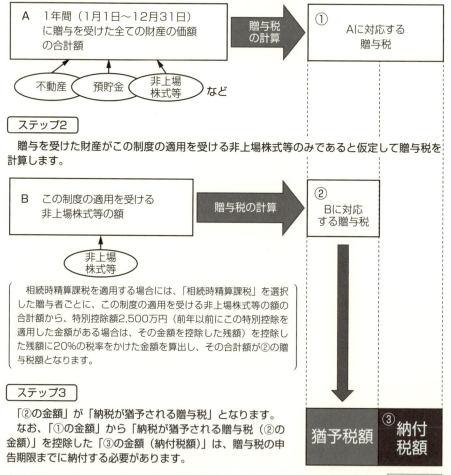

国税庁資料

(2) 具体的な設例による贈与税の猶予税額の計算

　贈与税の猶予税額は、暦年課税により計算を行う場合と相続時精算課税を選択する場合によって猶予税額が相違する。

① 設例

- 後継者は、本特例の適用を受ける非上場株式3,000万円を贈与により取得した。
- 後継者は、同年に上記以外の財産500万円を贈与により取得した。

② 暦年課税による猶予税額の計算

イ 贈与を受けたすべての財産の価額の合計額

- 本特例の適用を受ける非上場株式の額　　3,000万円
- 上記以外の財産の価額　　　　　　　　　 500万円 ｝3,500万円

ロ 贈与を受けたすべての財産の価額の合計額に係る贈与税額

(3,500万円 － 110万円) × 50 % － 415万円 = 1,280万円

ハ 本特例の適用を受ける非上場株式の額のみに係る贈与税額

(3,000万円 － 110万円) × 45 % － 265万円 = 1,035.5万円

ニ 猶予される贈与税額

1,035.5万円

ホ 納税する贈与税額

1,280万円 － 1,035.5万円 = 244.5万円

③ 相続時精算課税による猶予税額の計算

イ 贈与を受けた全ての財産の価額の合計額に係る贈与税額

(3,500万円 － 2,500万円) × 20 % = 200万円

ロ 本特例の適用を受ける非上場株式の額のみに係る贈与税額

(3,000万円 － 2,500万円) × 20 % = 100万円

ハ 猶予される贈与税額

100万円

ニ 納税する贈与税額

200万円 － 100万円 = 100万円

6　事業の継続が困難な事由が生じた場合の減免制度

(1)　時価（相続税評価額）の2分の1までの部分に対応する猶予税額の免除

　本特例の適用を受ける特例経営承継受贈者又は特例対象受贈非上場株式等に係る特例認定贈与承継会社が、次の①から④までのいずれかに掲げる場合に該当することとなった場合（その特例認定贈与承継会社の事業の継続が困難な事由として一定の事由が生じた場合に限る（下記の「※」（137頁）参照））において、その特例経営承継受贈者は、その①から④までの贈与税の免除を受けようとするときは、その該当することとなった日から2か月を経過する日（以下「申請期限」という）までに、免除を受

第2章　特例措置における事業承継税制の仕組み　　151

けたい旨、免除を受けようとする贈与税に相当する金額及びその計算の明細その他の事項を記載した申請書（免除の手続に必要な書類その他の書類を添付したものに限る）を納税地の所轄税務署長に提出しなければならない（措法70の7の5⑫）。

① **譲渡等をした場合**

特例経営贈与承継期間の末日の翌日以後に、特例経営承継受贈者が特例対象受贈非上場株式等の全部又は一部の譲渡等をした場合（その特例経営承継受贈者の同族関係者以外の者に対して行う場合に限る）において、次に掲げる㋑と㋺の金額の合計額（㋑＋㋺）が、その譲渡等の直前における猶予中贈与税額（その譲渡等をした特例対象受贈非上場株式等の数又は金額に対応する部分の額に限る）に満たないとき

⇒ その猶予中贈与税額からその合計額（㋑＋㋺）を控除した残額に相当する贈与税

㋑ 譲渡等の対価の額（その額がその譲渡等をした時における譲渡等をした数又は金額に対応する特例対象受贈非上場株式等の相続税評価額の2分の1以下である場合には、相続税評価額の2分の1に相当する金額）を本特例の適用に係る贈与により取得をした特例対象受贈非上場株式等のその贈与の時における価額とみなして計算した納税猶予分の贈与税額

＋

㋺ 譲渡等があった日以前5年以内において、特例経営承継受贈者及びその特例経営承継受贈者の同族関係者がその特例認定贈与承継会社から受けた剰余金の配当等の額とその特例認定贈与承継会社から受けた法人税法の規定により過大役員給与等とされる金額との合計額

152 Ⅲ　贈与税の納税猶予制度の特例の仕組み

②　合併により消滅した場合

特例経営贈与承継期間の末日の翌日以後に、特例対象受贈非上場株式等に係る特例認定贈与承継会社が合併により消滅した場合（吸収合併存続会社等が特例経営承継受贈者の同族関係者以外のものである場合に限る）において、次に掲げる㋑と㋺の金額の合計額（㋑＋㋺）がその合併がその効力を生ずる直前における猶予中贈与税額に満たないとき	⇒　その猶予中贈与税額からその合計額（㋑＋㋺）を控除した残額に相当する贈与税

㋑　合併対価（吸収合併存続会社等が合併に際して消滅する特例認定贈与承継会社の株主又は社員に対して交付する財産をいう）の額（その額がその合併がその効力を生ずる直前における特例対象受贈非上場株式等の相続税評価額の2分の1以下である場合には、相続税評価額の2分の1に相当する金額）を本特例の適用に係る贈与により取得をした特例対象受贈非上場株式等のその贈与の時における価額とみなして計算した納税猶予分の贈与税額

＋

㋺　合併がその効力を生ずる日以前5年以内において、特例経営承継受贈者及びその特例経営承継受贈者の同族関係者がその特例認定贈与承継会社から受けた剰余金の配当等の額とその特例認定贈与承継会社から受けた法人税法の規定により過大役員給与等とされる金額の合計額

③　株式交換等により他の会社の株式交換完全子会社等となった場合

特例経営贈与承継期間の末日の翌日以後に、特例対象受贈非上場株式等に係る特例認定贈与承継会社が株式交換又は株式移転（以下「株式交換等」という）により他の会社の株式交換完全子会社等となった場合（当該他の会社が特例経営承継受贈者の同族関係者以外のものである場合に限る）において、次に掲げる㋑と㋺金額の合計額（㋑＋㋺）がその株式交換等がその効力を生ずる直前における猶予中贈与税額に満たないとき	⇒　その猶予中贈与税額からその合計額（㋑＋㋺）を控除した残額に相当する贈与税

④ 交換等対価（当該他の会社が株式交換等に際して株式交換完全子会社等となった特例認定贈与承継会社の株主に対して交付する財産をいう）の額（その額がその株式交換等がその効力を生ずる直前における特例対象受贈非上場株式等の相続税評価額の2分の1以下である場合には、相続税評価額の2分の1に相当する金額）を本特例の適用に係る贈与により取得をした特例対象受贈非上場株式等のその贈与の時における価額とみなして計算した納税猶予分の贈与税額

\+

ロ 株式交換等がその効力を生ずる日以前5年以内において、特例経営承継受贈者及びその特例経営承継受贈者の同族関係者がその特例認定贈与承継会社から受けた剰余金の配当等の額とその特例認定贈与承継会社から受けた法人税法の規定により過大役員給与等とされる金額の合計額

④ 解散をした場合

特例経営贈与承継期間の末日の翌日以後に、特例対象受贈非上場株式等に係る特例認定贈与承継会社が解散をした場合において、次に掲げる④とロの金額の合計額（④＋ロ）がその解散の直前における猶予中贈与税額に満たないとき ⇒ その猶予中贈与税額からその合計額（④＋ロ）を控除した残額に相当する贈与税

④ 解散の直前における特例対象受贈非上場株式等の相続税評価額を、本特例の適用に係る贈与により取得をした特例対象受贈非上場株式等のその贈与の時における価額とみなして計算した納税猶予分の贈与税額

\+

ロ 解散の日以前5年以内において、特例経営承継受贈者及びその特例経営承継受贈者の同族関係者がその特例認定贈与承継会社から受けた剰余金の配当等の額及びその特例認定贈与承継会社から受けた法人税法の規定により過大役員給与とされる金額の合計額

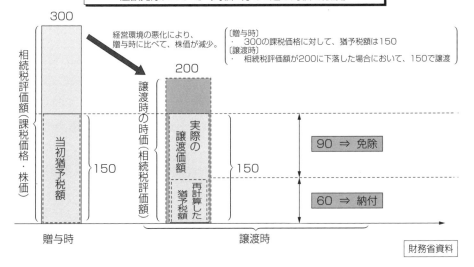

※ 前記の「特例認定贈与承継会社の事業の継続が困難な事由として一定の事由」は、137頁を参照されたい（措令40の8の5、措規23の12の2⑳～㉓）。

(2) 実際の譲渡等の価額が相続税評価額の2分の1を下回った場合の納税猶予

上記(1)①から③までに該当する場合で、かつ、次の①から③までに該当する場合において、特例経営承継受贈者が前記(3)の適用を受けようとするときは、前記(1)にかかわらず、申請期限までに次頁(1)①から③までのそれぞれ㋑及び㋺に掲げる金額の合計額に相当する担保を提供した場合で、かつ、その申請期限までに本特例の適用を受けようとする旨、その金額の計算の明細その他の事項を記載した申請書を納税地の所轄税務署長に提出した場合に限り、再計算対象猶予税額（前記(1)①に該当する場合には猶予中贈与税額のうちその譲渡等をした特例対象受贈非上場株式等の数又は金額に対応する部分の額をいい、前記(1)②又は③に該当する場合には猶予中贈与税額に相当する金額をいう）からその合計額を控除した残額を免除し、その合計額（前記(1)①に該当する場合には、その合計額に猶予中贈与税額からその再計算対象猶予税額を控除した残額を加算した金額）を猶予中贈与税額とすることができる（措法70の7の5⑬）。

① 上記（1）①の対価の額がその譲渡等をした時における特例対象受贈非上場株式等の相続税評価額の２分の１以下である場合
② 上記（1）②の合併対価の額が合併がその効力を生ずる直前における特例対象受贈非上場株式等の相続税評価額の２分の１以下である場合
③ 上記（1）③の交換等対価の額が株式交換等がその効力を生ずる直前における特例対象受贈非上場株式等の相続税評価額の２分の１以下である場合

（3） 実際の譲渡等の価額が相続税評価額の２分の１を下回った場合の猶予税額の免除

上記**（2）**①から③までに該当することとなった日から２年を経過する日において、前記**（2）**により猶予中贈与税額とされた金額に相当する贈与税の納税の猶予に係る期限及び免除については、次に掲げる場合の区分に応じそれぞれ次に定めるところによる（措法70の7の5⑭）。

① 次に掲げる会社がその２年を経過する日においてその事業を継続している場合

特例再計算贈与税額（上記**（2）**②又は③に該当する場合には、その合併又は株式交換等に際して交付された株式等以外の財産の価額に対応する部分の額に限る）に相当する贈与税については、その２年を経過する日から２か月を経過する日（以下「再申請期限」という）をもって納税猶予に係る期限となるため、この贈与税及び納税猶予期間に対応する利子税を納付しなければならない。

また、上記**（2）**により猶予中贈与税額とされた金額から特例再計算贈与税額を控除した残額に相当する贈与税については免除することとされた。

　イ　上記**（2）**①の場合におけるその譲渡等をした特例対象受贈非上場株式等に係る会社

　ロ　上記**（2）**②の場合におけるその合併に係る吸収合併存続会社等

　ハ　上記**（2）**③の場合におけるその株式交換等に係る株式交換完全子会社等

② 上記（2）①から③までの会社がその２年を経過する日において事業を継続していない場合

上記**（2）**により猶予中贈与税額とされた金額（上記**（2）**①に該当する場合にはその譲渡等をした特例対象受贈非上場株式等の数又は金額に対応する部分の額に、上記**（2）**②又は③に該当する場合にはその合併又は株式交換等に際して交付された株式等以外の財産の価額に対応する部分の額に限る）に相当する贈与税については、再申

請期限をもって納税猶予に係る期限となるため、この贈与税及び納税猶予期間に対応する利子税を納付しなければならない。

※ 「事業を継続している場合」とは、139～140頁を参照されたい（措令40の8の5）。

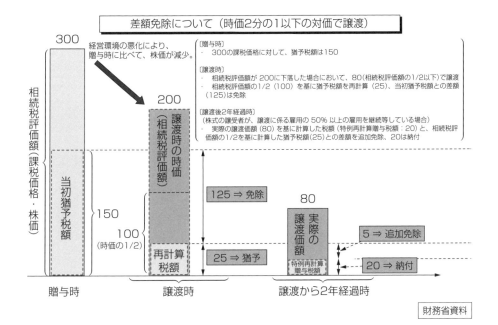

（4） 税務署長による調査

　税務署長は、前記（1）から（3）までの申請書の提出があった場合において、これらの申請書に記載された事項について調査を行い、これらの申請書に係る贈与税の免除をし、又はこれらの申請書に係る申請の却下をする。

　この場合において、税務署長は、これらの申請書に係る申請期限又は再申請期限の翌日から起算して6か月以内に、免除をした贈与税の額又は却下をした旨及びその理由を記載した書面により、これをこれらの申請書を提出した特例経営承継受贈者に通知することとされている（措法70の7の5⑰）。

7 その他の取扱い

　本特例における次の取扱いについては、 基本的には「第1章Ⅲ相続税の納税猶予制度の仕組み」と同様のため、54頁～72頁を参照されたい。

＜適用を受けるための手続＞

＜納税猶予期間中の手続＞

＜納税猶予における期限の確定＞

＜猶予税額が免除される場合＞

＜その他の取扱い＞

※　納税猶予に係る期限の確定及び免除

◆　納税が猶予されている贈与税を納付する必要がある主な場合

(1)　下表の「A」に該当した場合には、納税が猶予されている贈与税の全額と利子税を併せて納付します。

　　　この場合、この制度の適用は終了します。

(2)　下表の「B」に該当した場合には、納税が猶予されている贈与税のうち、譲渡等した部分に対応する贈与税と利子税を併せて納付します。

　(注)譲渡等した部分に対応しない贈与税については、引き続き納税が猶予されます。

納税猶予額を納付する必要がある主な場合	（特例）経営贈与承継期間内	（特例）経営贈与承継期間の経過後
この制度の適用を受けた非上場株式等についてその一部を譲渡等（「免除対象贈与」を除きます）した場合	A	B
後継者が会社の代表権を有しなくなった場合	A（※1）	C（※2）
会社が資産管理会社に該当した場合（一定の要件を満たす会社を除きます）	A	A
一定の基準日（※4）における雇用の平均が、「贈与時の雇用の8割」を下回った場合	C（※2、3）（一般措置はA）	C（※2）

（※1）　やむを得ない理由（7頁参照）がある場合を除きます。

（※2）　「C」に該当した場合には、引き続き納税が猶予されます。

（※3）　円滑化省令では、下回った理由等を記載した報告書を都道府県知事に提出し、確認を受けることとされています。

　　　　なお、その報告書及び確認書の写しは、継続届出書に添付することとされています。

（※4）　雇用の平均は、（特例）経営贈与承継期間の末日に判定します。

国税庁資料

158　　Ⅲ　贈与税の納税猶予制度の特例の仕組み

Ⅳ

特例贈与者(先代経営者)が死亡した場合の取扱い

1　特例贈与者が死亡した場合の相続税の課税の特例

　一般措置における贈与税の納税猶予制度の贈与者が死亡した場合と同様に、前記Ⅲの特例の適用を受ける特例経営承継受贈者に係る特例贈与者が死亡した場合には、その特例贈与者の死亡による相続又は遺贈に係る相続税については、その特例経営承継受贈者がその特例贈与者(※)から相続により前記Ⅲの特例の適用に係る特例対象受贈非上場株式等の取得をしたものとみなされる。

　この場合において、その死亡による相続又は遺贈に係る相続税の課税価格の計算の基礎に算入すべき特例対象受贈非上場株式等の価額については、その特例贈与者から前記Ⅲの特例の適用に係る贈与により取得をした特例対象受贈非上場株式等のその贈与の時における価額を基礎として計算する（措法70の7の7①）。

(※)　特例対象受贈非上場株式等が、特例経営承継受贈者である特例贈与者又は経営承継受贈者である特例贈与者からの免除対象贈与（その非上場株式等について受贈者が贈与税の納税猶予制度の適用を受ける場合における贈与をいう）により取得したものである場合におけるその特例対象受贈非上場株式等に係る贈与税については、免除対象贈与をした最初の特例経営承継受贈者又は経営承継受贈者にその特例対象受贈非上場株式等の贈与をした者となり、特例対象受贈非上場株式等の価額については、この贈与の時における価額となる（措法70の7の7②）。

2　贈与者が死亡した場合の相続税の納税猶予制度の特例への移行

　特例経営相続承継受贈者が、上記1により特例対象受贈非上場株式等を特例贈与者から相続又は遺贈により取得をしたものとみなされた場合には、特例対象相続非上場株式等に係る納税猶予分の相続税額に相当する相続税については、相続税の申告期限までに一定の担保を提供した場合に限り、前記Ⅲの特例と同様に、その特例経営相続承継受贈者の死亡の日までその納税が猶予される（措法70の7の8①）。

第2章　特例措置における事業承継税制の仕組み　*159*

なお、前記Ⅲの特例は、相続又は遺贈による取得の期限が定められているが、本特例には期限が定められていないことから、前記Ⅲの特例の適用に係る贈与が期限内にされていれば、前記Ⅲの特例の適用に係る特例贈与者の死亡の時期にかかわらず、本特例の適用を受けることができる。

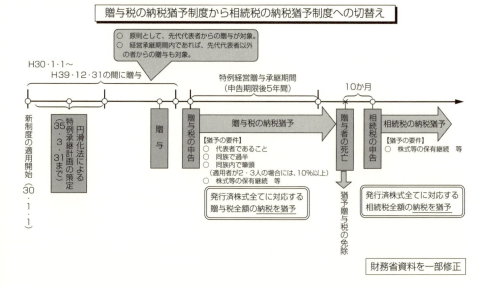

160　Ⅳ　特例贈与者（先代経営者）が死亡した場合の取扱い

V 円滑化法省令の規定による手続

1 「特例承継計画」の提出・確認

　中小企業者が経営承継円滑化法の認定を受けるためには、平成30年4月1日から平成35年3月31日までの間に「特例承継計画」（様式第21）を都道府県に提出し、確認を受けなければならない。株式の承継の前に特例承継計画を提出することができなかった場合でも、平成35年3月31日までの贈与・相続については、贈与・相続後に都道府県庁へ認定の申請を行う際に、あわせて特例承継計画を提出することもできる。

　「特例承継計画」は、後継者の氏名や事業承継の時期、承継時までの経営の見通しや承継後5年間の事業計画等を会社が記載し、認定支援機関（商工会、商工会議所、

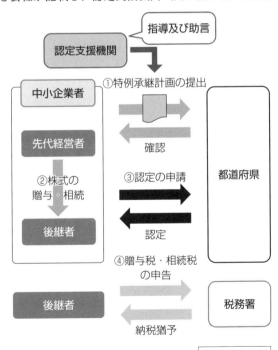

第2章　特例措置における事業承継税制の仕組み

金融機関、税理士等)が指導及び助言を記載する。

特例措置の適用を受けるためには、①特例承継計画の作成・提出・確認、②株式の贈与・相続、③認定申請、④税務申告の順で手続が必要となる。

2 雇用確保要件を満たさなかった場合の手続

円滑化法の特例の認定を受けた中小企業者は、贈与・相続の申告期限から5年間、特例承継者や特例認定承継会社の状況について年1回、都道府県に年次報告書(様式11)の提出をしなければならない。年次報告書は、一般措置と特例措置と共通の様式となり、特例承継者の保有議決権割合や特例認定承継会社が上場会社や風俗営業会社、資産管理会社等に該当していないこと及び常時使用従業員数を記載する。

一般措置では、特例認定承継会社の常時使用従業員数が5年間平均の8割を下回った場合には認定が取り消され、報告日から2月を経過する日が納税猶予に係る期限の全部確定となるが、特例措置では、常時使用従業員数が8割を下回った場合でも、その理由を「特例承継計画に関する報告書(様式27)」に記載し、都道府県に報告をす

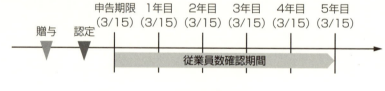

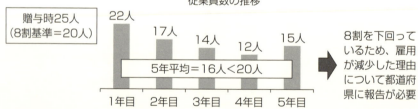

162　Ⅴ　円滑化法省令の規定による手続

れば認定は取り消されない。

　その報告に際し、認定支援機関が、雇用が減少した理由について所見を記載するとともに、中小企業者が申告した雇用減少の理由が、経営悪化あるいは正当でない理由によるものの場合は、経営の改善のための指導及び助言を行う必要がある。

3　「特例承継計画」作成上のポイント

（1）　特例承継計画

①　会社について

　円滑化法の特例の認定を受けようとする事業者の名称等を記載する。

②　特例代表者について

　保有する株式を承継する予定の代表者の氏名と、代表権の有無を記載する。すでに退任している場合には退任日を記載する。なお、特例代表者は特例承継計画書提出時に、現に代表者である者、又は代表者であった者である必要がある。

③　特例後継者

　特例代表者から株式を承継する予定の後継者の氏名を記載する（最大3人まで）。特例後継者として氏名を記載された者でなければ、事業承継税制の特例の認定を受けることはできない。また、特例後継者を変更する場合は、後述の変更申請書による変更手続を行う必要がある。

　なお、特例後継者が事業承継税制の適用を受けた後は、当該特例後継者を変更することはできない。ただし、特例後継者を2人又は3人記載した場合であって、まだ株の贈与・相続を受けていない者がいる場合は、その特例後継者に限って変更することが可能である。

④　特例代表者が有する株式等を特例後継者が取得するまでの期間における経営の計画について

　株式を承継する予定の時期、当該時期までの経営上の課題、当該課題への対処方針について記載する。株式等の贈与後・相続後に本計画を作成する場合や、すでに先代経営者が役員を退任している場合には記載不要である。

　適用を受けようとする会社がいわゆる持株会社である場合には、その子会社等における取組を記載する。

第2章　特例措置における事業承継税制の仕組み　　*163*

⑤ **特例後継者が株式等を承継した後5年間の経営計画**

特例後継者が実際に事業承継を行った後の5年間で、どのような経営を行っていく予定か、具体的な取組内容を記載する。なお、この事業計画は必ずしも設備投資・新事業展開や、売上目標・利益目標についての記載を求めるものではない。後継者が、先代経営者や認定支援機関とよく相談の上、後継者が事業の持続・発展に必要と考える内容を自由に記載する。

すでに後継者が代表権を有している場合であっても、株式等の取得により経営権が安定したあとの取組について記載する。

適用を受けようとする会社がいわゆる持株会社である場合には、その子会社等における取組を記載する。

(2) 「（別紙）認定経営革新等支援機関による所見等」（認定支援機関が記載）
① 認定経営革新等支援機関の名称等

申請者に指導及び助言を行った認定支援機関の名称等について記載する。代表者欄に記入する氏名及び使用する印鑑は、その認定支援機関における内部規定等により判断する。

② 指導・助言を行った年月日

認定支援機関が指導及び助言を行った年月日を記載する。

③ 認定支援機関による指導・助言の内容

会社が作成した特例承継計画について、認定支援機関の立場から、事業承継を行う時期や準備状況、事業承継時までの経営上の課題とその対処方針、事業承継後の事業計画の実現性など、円滑な事業承継を後押しするための指導及び助言を行い、その内容を記載する。

【チェックポイント】

☐ 「特例代表者が有する株式等を特例後継者が取得するまでの期間における経営の計画について」及び「特例後継者が株式等を承継した後5年間の経営計画について」は「なぜその取組を行うのか」「その取組の結果、どのような効果が期待されるか」が記載されているか。

☐ 「特例後継者が株式等を承継した後5年間の経営計画」の各年においての取組が可能な限り具体的に記載がされているか。

---

164 Ⅴ 円滑化法省令の規定による手続

※　計画作成の数年後に株式の承継を行うことを予定しているなど、この計画の作成段階では承継後の具体的な経営計画を記載することが困難である場合には、大まかな記載にとどめ、実際に株式を承継しようとする前に具体的な計画を定めることも可能となる。その場合には特例承継計画の変更手続が必要となる。

□　所見欄に取組への評価や実現可能性（及びその実現可能性を高めるための指導・助言）が記載されているか。

(3)　「(別紙) 特例承継計画の変更確認申請書（様式24）」

　特例承継計画の確認を受けた後に、計画の内容に変更があった場合は、変更申請書（様式24）を都道府県に提出し確認を受けることができる。変更申請書には、変更事項を反映した計画を記載し、再度認定支援機関による指導及び助言を受けることが必要である。

【注意点】

○　特例後継者が事業承継税制の適用を受けた後は、その特例後継者を変更することができない。ただし、特例後継者を2人又は3人記載した場合であって、まだ株の贈与・相続を受けていない者がいる場合は、その特例後継者に限って変更することが可能である。

○　特例後継者として特例承継計画に記載されていない者は、経営承継円滑化法の特例の認定を受けることができない。

○　事業承継後5年間の事業計画を変更した場合（より詳細な計画を策定する場合を含む）も、計画の変更の手続を行うことができる。特に、当初の特例承継計画においては具体的な経営計画が記載されていなかった場合は、認定支援機関の指導・助言を受けた上で、それを具体化するための計画の変更の手続を行うことが求められる。

第2章　特例措置における事業承継税制の仕組み　　*165*

＜記載例（サービス業）＞

様式第 21

施行規則第 17 条第 2 項の規定による確認申請書

（特例承継計画）

○○○○年○月○日

○○県知事　殿

郵 便 番 号　000-0000

会 社 所 在 地　○○県○○市…

会　　社　　名　経済クリーニング株式会社

電 話 番 号　＊＊＊-＊＊＊-＊＊＊＊

代表者の氏名　経済　一郎　　印

経済　二郎　　印

　中小企業における経営の承継の円滑化に関する法律施行規則第 17 条第 1 項第 1 号の確認を受けたいので、下記のとおり申請します。

記

1　会社について

主たる事業内容	生活関連サービス業（クリーニング業）
資本金額又は出資の総額	5,000,000 円
常時使用する従業員の数	8 人

2　特例代表者について

特例代表者の氏名	経済　太郎
代表権の有無	□有　☑無（退任日　平成 30 年 3 月 1 日）

3 特例後継者について

特例後継者の氏名（1）	経済　一郎
特例後継者の氏名（2）	経済　二郎
特例後継者の氏名（3）	

4 特例代表者が有する株式等を特例後継者が取得するまでの期間における経営
　の計画について

株式を承継する時期（予定）	平成 30 年 3 月 1 日相続発生
当該時期までの経営上の課題	（株式等を特例後継者が取得した後に本申請を行う場合には、記載を省略することができます）
当該課題への対応	（株式等を特例後継者が取得した後に本申請を行う場合には、記載を省略することができます）

5 特例後継者が株式等を承継した後 5 年間の経営計画

実施時期	具体的な実施内容
1 年目	郊外店において、コート・ふとん類に対するサービスを強化し、その内容を記載した看板の設置等、広告活動を行う。
2 年目	新サービスであるクリーニング後、最大半年間（又は一年間）の預かりサービス開始に向けた倉庫等の手配をする。
3 年目	クリーニング後、最大半年間（又は一年間）の預かりサービス開始。（預かり期間は、競合他店舗の状況を見て判断。） 駅前店の改装工事後に向けた新サービスを検討。
4 年目	駅前店の改装工事。リニューアルオープン時に向けた新サービスの開始。
5 年目	オリンピック後における市場（特に土地）の状況を踏まえながら、新事業展開（コインランドリー事業）又は新店舗展開による売り上げ向上を目指す。

（備考）

① 用紙の大きさは、日本工業規格 A4 とする。

② 記名押印については、署名をする場合、押印を省略することができる。

③ 申請書の写し（別紙を含む）及び施行規則第 17 条第 3 項各号に掲げる書類
　を添付する。

④　別紙については、中小企業等経営強化法に規定する認定経営革新等支援機関が記載する。

（記載要領）

①　「2 特例代表者」については、本申請を行う時における申請者の代表者（代表者であった者を含む。）を記載する。

②　「3 特例後継者」については、該当するものが一人又は二人の場合、後継者の氏名（2）の欄又は（3）の欄は空欄とする。

③　「4 特例代表者が有する株式等を特例後継者が取得するまでの期間における経営の計画」については、株式等を特例後継者が取得した後に本申請を行う場合には、記載を省略することができる。

（別紙）

認定経営革新等支援機関による所見等

1　認定経営革新等支援機関の名称等

認定経営革新等支援機関の名称	○○　○○税理士事務所　印
（機関が法人の場合）代表者の氏名	○○　○○
住所又は所在地	○○県○○市…

2　指導・助言を行った年月日

　　　　　平成 30 年 5 月 3 日

3　認定経営革新等支援機関による指導・助言の内容

売上の 7 割を占める駅前店の改装工事に向け、郊外店の売上増加施策が必要。競合他店が行っている預かりサービスを行うことにより、負の差別化の解消を図るように指導。
駅前店においても、改装工事後に新サービスが導入できないか引き続き検討。サービス内容によっては、改装工事自体の内容にも影響を与えるため、2 年以内に結論を出すように助言。
また、改装工事に向けた資金計画について、今からメインバンクである○○銀行にも相談するようにしている。
なお、土地が高いために株価が高く、一郎・二郎以外の推定相続人に対する遺留分侵害の恐れもあるため「遺留分に関する民法の特例」を紹介。

\<記載例（製造業）\>

様式第21

施行規則第17条第2項の規定による確認申請書

（特例承継計画）

〇〇〇〇年〇月〇日

〇〇県知事　殿

郵　便　番　号　000-0000

会　社　所　在　地　〇〇県〇〇市…

会　　社　　名　中小鋳造株式会社

電　話　番　号　＊＊＊-＊＊＊-＊＊＊＊

代表者の氏名　中小　一郎　　印

　中小企業における経営の承継の円滑化に関する法律施行規則第17条第1項第1号の確認を受けたいので、下記のとおり申請します。

記

1　会社について

主たる事業内容	銑鉄鋳物製造業
資本金額又は出資の総額	5,000,000 円
常時使用する従業員の数	75 人

2　特例代表者について

特例代表者の氏名	中小　太郎
代表権の有無	□有　☑無（退任日　平成29年3月1日）

3 特例後継者について

特例後継者の氏名（1）	中小　一郎
特例後継者の氏名（2）	
特例後継者の氏名（3）	

4 特例代表者が有する株式等を特例後継者が取得するまでの期間における経営の計画について

株式を承継する時期（予定）	平成 30 年 10 月
当該時期までの経営上の課題	➤ 工作機械向けパーツを中心に需要は好調だが、原材料の値上がりが続き、売上高営業利益率が低下している。 ➤ また、人手不足問題は大きな課題であり、例年行っている高卒採用も応募が減ってきている。発注量に対して生産が追いつかなくなっており、従業員が残業をして対応している。今年からベトナム人研修生の受け入れを開始したが、まだ十分な戦力とはなっていない。
当該課題への対応	➤ 原材料値上がりに伴い、発注元との価格交渉を継続的に行っていく。合わせて、平成30年中に予定している設備の入れ替えによって、生産効率を上げコストダウンを図っていく。 ➤ 人材確保のため地元高校での説明会への参加回数を増やし、リクルート活動を積極的に行う。またベトナム人研修生のスキルアップのために、教育体制を見直すとともに、5Ｓの徹底を改めて行う。

5 特例後継者が株式等を承継した後5年間の経営計画

実施時期	具体的な実施内容
1年目	・設計部門を増強するとともに、導入を予定している新型CADを活用し、複雑な形状の製品開発を行えるようにすることで、製品提案力を強化し単価の向上を図る。 ・海外の安価な製品との競争を避けるため、BtoBの工業用品だけではなく、鋳物を活用したオリジナルブランド商品の開発（BtoC）に着手する。 ・生産力強化のため、新工場建設計画を策定。用地選定を開始する。

2年目	・新工場用の用地を決定、取引先、金融機関との調整を行う。 ・電気炉の入れ替えを行い、製造コストの低下を図る。 ・オリジナルブランド開発について一定の結論を出し、商品販売を開始する。
3年目	・新工場建設着工を目指す。 ・3年目を迎える技能実習生の受け入れについて総括を行い、人材採用の方向性について議論を行う。
4年目	・新工場運転開始を目指すとともに、人員配置を見直す。増員のための採用方法については要検討。 ・少数株主からの株式の買い取りを達成する。
5年目	・新工場稼働による効果と今後の方向性についてレビューを行う。

（備考）

① 用紙の大きさは、日本工業規格 A4 とする。

② 記名押印については、署名をする場合、押印を省略することができる。

③ 申請書の写し（別紙を含む）及び施行規則第 17 条第 2 項各号に掲げる書類を添付する。

④ 別紙については、中小企業等経営強化法に規定する認定経営革新等支援機関が記載する。

（記載要領）

① 「2 特例代表者」については、本申請を行う時における申請者の代表者（代表者であった者を含む。）を記載する。

② 「3 特例後継者」については、該当するものが一人又は二人の場合、後継者の氏名（2）の欄又は（3）の欄は空欄とする。

③ 「4 特例代表者が有する株式等を特例後継者が取得するまでの期間における経営の計画」については、株式等を特例後継者が取得した後に本申請を行う場合には、記載を省略することができる。

（別紙）

認定経営革新等支援機関による所見等

1 認定経営革新等支援機関の名称等

認定経営革新等支援機関の名称	○○商工会議所　印
（機関が法人の場合）代表者の氏名	中小企業相談所長 △△　△△
住所又は所在地	○○県○○市○−○

2 指導・助言を行った年月日

平成 30 年 6 月 4 日

3 認定経営革新等支援機関による指導・助言の内容

> 大半の株式は先代経営者である会長が保有しているが、一部現経営者の母、伯父家族に分散しているため、贈与のみならず買い取りも行って、安定した経営権を確立することが必要。
> 原材料の値上げは収益力に影響を与えているため、業務フローの改善によりコストダウンを行うとともに、商品の納入先と価格交渉を継続的に行っていくことが必要。原材料価格の推移をまとめ、値上げが必要であることを説得力を持って要求する必要がある。
> 新工場建設については、取引先の増産に対応する必要があるか見極める必要あり。最終商品の需要を確認するとともに、投資計画の策定の支援を行っていく。
> なお、税務面については顧問税理士と対応を相談しながら取り組みを進めていくことを確認した。

4 「特例承継計画に関する報告書（様式27）」作成上のポイント

（1）実績報告書

① 第一種（第二種）特例贈与認定中小企業者又は第一種（第二種）特例相続認定中小企業者について

　雇用実績について報告を行う中小企業者の、認定の類型や認定年月日、雇用判定期間を確認するための認定の有効期間や報告基準日等について記載する。

　なお、「第一種特例贈与・相続認定中小企業者」とは「先代経営者」から後継者への

贈与・相続等について認定を受けた中小企業者をいい、「第二種特例贈与・相続認定中小企業者」とは「先代経営者以外の株主」から後継者への贈与・相続等について認定を受けた中小企業者である。

② 従業員の数について

贈与の時（相続の開始の時）における授業員数とその80％の数、各報告基準日における従業員の数と5年間の平均人数を記載する。

従業員数は次の(i)から(iii)の合計から、(iv)を引いた数となる。

(i) 厚生年金保険の被保険者の数

(ii) 厚生年金保険の被保険者ではなく健康保険の被保険者である従業員の数

(iii) 厚生年金保険・健康保険のいずれの被保険者でもない従業員の数

(iv) 役員（使用人兼務役員の数）

また、雇用判定の基準になる贈与（相続開始）時の従業員数の80％の数については、小数点以下の数字がある場合は切り捨てる（例：贈与時の従業員数が6人の場合には6人×80％＝4.8人だが、小数点以下を切り捨て、4.0人を基準とする。つまり、認定後従業員数が5年間平均で4.0人を下回った場合には、本報告書の提出が必要となる）。

③ 平均雇用人数の5年間平均が贈与（相続開始）の時の従業員の数の8割を下回った理由

雇用が減少した理由について、①から⑤の中から当てはまるものを選択する。「④経営状況の悪化により、雇用を継続できなくなった」を選択した場合、又は「⑤その他」を選択し、その具体的な理由が認定支援機関として正当でないと判断する場合は、認定支援機関による「4. 指導及び助言の内容」の記載が必要となる。

(2)　「（別紙）認定経営革新等支援機関による所見等」（認定支援機関が記載）

① 認定経営革新等支援機関の名称等

報告者に指導及び助言を行った認定支援機関の名称等について記載する。代表者欄に記入する氏名及び使用する印鑑は、その認定支援機関における内部規定により判断する。

② 所見を記載した年月日

認定支援機関が所見（指導及び助言）について記載した年月日を記載する。

③ 認定支援機関による所見

平均雇用人数の5年間平均が8割を下回った理由について、その理由が事実である

かどうかを確認し、所見を記載する。

【チェックポイント】

□ 「①高齢化が進み後を引き継ぐ者を確保できなかった」を選択した場合、退職理由を確認し、雇用人数減少の主たる理由が高齢化による退職であることを確認したか。

□ 「②採用活動を行ったが、人手不足から採用に至らなかった」を選択した場合、人材紹介会社やハローワーク等への求人状況や自社広告等の過去の求人状況を確認し、雇用人数減少の主たる理由が採用に至らなかったためであることを確認したか。

□ 「③設備投資等、生産性が向上したため人手が不要となった」を選択した場合、設備投資等の状況を確認し、雇用人数減少の主たる理由が生産性向上によるものであることを確認したか。

□ 「④経営状況の悪化により、雇用を継続できなくなった」を選択した場合、経営状況が悪化した理由について確認したか。

⇒ 「4. 指導及び助言の内容」欄を記載

□ 「⑤その他（具体的に理由を記載）」を選択した場合、雇用人数減少の主たる理由が当該具体的な理由であるかどうか確認したか。

⇒ 正当でないと判断する場合は「4. 指導及び助言の内容」欄を記載

---

④ 指導及び助言の内容

「③認定支援機関による所見」も踏まえ、その会社の経営改善のための指導及び助言を行い、その内容について記載する。

「③平均雇用人数の5年間平均が贈与の時の従業員の数の8割を下回った理由」において、「④経営状況の悪化により、雇用を継続できなくなった」を選択した場合、または「⑤その他」を選択し、その具体的な理由が認定支援機関として正当でないと判断する場合に記載が必要となる。

＜特例承継計画に関する報告書（様式第27）雛形＞

様式第27

特例承継計画に関する報告書

年　　月　　日

都道府県知事　殿

郵　便　番　号
会　社　所　在　地
会　　社　　名
電　話　番　号
代表者の氏名　　　　　　印

　中小企業における経営の承継の円滑化に関する法律施行規則第20条第3項の規定により、下記の事項を報告します。

記

1　第一種（第二種）特例贈与認定中小企業者又は第一種（第二種）特例相続認定中小企業者について

報告者の種別	☐第一種特例贈与認定中小企業者　☐第二種特例贈与認定中小企業者	
	☐第一種特例相続認定中小企業者　☐第二種特例相続認定中小企業者	
認定年月日及び番号	年　　月　　日（　　　　　　号）	
認定に係る贈与の日（相続の開始の日）	年　　月　　日	
認定の有効期限	年　　月　　日	
各贈与報告基準日（各相続報告基準日）	月　　日	

第2章　特例措置における事業承継税制の仕組み　　175

2　従業員の数について

認定に係る贈与の時の常時使用する従業員の数	贈与の時（相続の開始の時）		100分の80の数	
	(a)　　　　　　　　人		(a)×80/100 =(b)　　　　　　人	
各贈与報告基準日（各相続報告基準日）における常時使用する従業員の数及び常時使用する従業員の数の5年平均人数	1 回 目（　年　月　日）		(イ)　　　　　　　　人	
	2 回 目（　年　月　日）		(ロ)　　　　　　　　人	
	3 回 目（　年　月　日）		(ハ)　　　　　　　　人	
	4 回 目（　年　月　日）		(ニ)　　　　　　　　人	
	5 回 目（　年　月　日）		(ホ)　　　　　　　　人	
	5 年 平 均 人 数		((イ)+(ロ)+(ハ)+(ニ)+(ホ))/ 5=(c)　　　　　　人	

3　平均雇用人数の5年間平均が贈与の時の従業員の数の8割を下回った理由

　　□　①高齢化が進み後を引き継ぐ者を確保できなかった

　　□　②採用活動を行ったが、人手不足から採用に至らなかった

　　□　③設備投資等、生産性が向上したため人手が不要となった

　　□　④経営状況の悪化により、雇用を継続できなくなった

　　□　⑤その他

　　　　（具体的に理由を記載：　　　　　　　　　　　　　　　）

（備考）

①　用紙の大きさは、日本工業規格A4とする。

②　記名押印については、署名をする場合、押印を省略することができる。

③　報告書の写し（別紙を含む）及び施行規則第20条第3項に掲げる書類を添付する。

④　別紙については、中小企業等経営強化法に基づく認定経営革新等支援機関が記載する。

⑤　本様式において「各贈与報告基準日（各相続報告基準日）」とある場合は、報告者の種別に合わせて対応する語句に読み替えるものとする。

（記載要領）

①　報告者が株式交換等により第一種（第二種）特例贈与認定中小企業者又は第

一種（第二種）特例相続認定中小企業者たる地位を承継した株式交換完全親会社等である場合にあっては、「贈与報告基準日（相続報告基準日）における常時使用する従業員の数」については、第一種（第二種）特例贈与認定中小企業者又は第一種（第二種）特例相続認定中小企業者の常時使用する従業員の数に株式交換完全子会社等（承継前に第一種（第二種）特例贈与認定中小企業者又は第一種（第二種）特例相続認定中小企業者だったものに限る。）の常時使用する従業員の数を加算した数を記載する。

② 「5年平均人数」については、常時使用する従業員数の5年平均人数（その数に一人未満の端数があるときは、その端数を切り捨てた数）を記載する。

（別紙）

認定経営革新等支援機関による所見等

1　認定支援機関の名称等

認定経営革新等支援機関の名称	
（機関が法人の場合）代表者の氏名	印
住所又は所在地	

2　所見を記載した年月日

　　　　　年　　　月　　　日

3　認定支援機関による所見

4　指導及び助言の内容

（雇用が8割を下回ったことについて、経営悪化を理由とする場合又は正当な理由が認められない場合には記載が必要。）

5　特例措置の手続における留意点

（1）　一般措置との手続の相違

　特例措置の適用手続は、一般措置における適用手続と基本的には同様である。

　ただし、特例措置に規定されている「特例認定承継会社」としての認定を受けるため、「特例承継計画」を作成し、その計画書を都道府県庁に提出する部分が追加された。

（2）「特例承継計画」の提出期限

　「特例承継計画」の提出期限は、平成35（2023）年3月31日までであるが、都道府県庁に「特例認定承継会社」として認定申請する前、若しくは認定申請と同時に「特例承継計画」を提出する必要がある。

　認定申請前（相続税・贈与税の申告期限の2月前）であれば、「特例承継計画」の提出は株式の相続・贈与の前後は問わないため、平成30年1月から3月までの相続・贈与についても、その後に「特例承継計画」を提出すれば特例措置の適用を受けることができる。

（3）　特例措置の適用が未定の場合

　平成35（2023）年3月31日までに「特例承継計画」の提出した場合において、結果として特例措置の適用期間内（平成30（2018）年1月1日から平成39（2027）年12月31日）に相続・贈与がなかったとしても、デメリットはない。

　そのため、若干でも特例措置の適用を受ける可能性があれば、とりあえず「特例承

継計画」は提出しておくべきである。

(4) 「特例承継計画」に記載した後継者を変更等する場合の手続

「特例承継計画」に記載した後継者を変更・追加する場合には、「特例承継計画」を変更し都道府県庁で確認を受けなければならない。

後継者以外に、事業承継までの経営課題であったり、事業承継後の5年間で取り組む事業計画を変更した場合には、任意で変更の確認を受けることが可能である。

当初の計画で具体的な事業計画が記載されていなかった場合には、それを具体化するための計画変更の手続きを行うことが求められる。

(5) 株式の贈与等を受けていない後継者は変更可能

後継者が特例措置の適用を受けた後は、その後継者を変更することはできないが、「特例承継計画」に複数の後継者が記載されている場合において、まだ株式の贈与等を受けていない後継者に限り、変更は可能である。

(6) 支援機関と顧問税理士との関係

認定経営革新等支援機関であれば、顧問税理士であっても差し支えない。認定経営革新等支援機関である他に要件・制限はないため、会社の本店がある都道府県以外に所在する認定経営革新等支援機関であっても認められる。

また、計画の変更に当たり、当初の計画作成において指導・助言した認定経営革新等支援機関と異なる機関がその変更に係る計画の指導・助言をすることも認められる。

(7) 「認定申請書」は、贈与者・受贈者等ごとに提出

「先代経営者甲」が株式を「後継者A」に贈与した後に、「甲の配偶者乙」から「後継者A」に追加で株式の贈与があった場合には、「先代経営者甲」から「後継者A」の贈与について認定を受けていたとしても、「甲の配偶者乙」から「後継者A」の贈与について「認定申請書」の提出が必要になる。

株式の贈与（順序）	特例承継計画	認定申請書
最初　先代経営者甲　⇒　後継者A	提出が必要	提出が必要
その後　甲の配偶者乙　⇒　後継者A	提出が不要	提出が必要

「特例承継計画」には、先代経営者と複数の後継者を記載する欄はあるが、先代経営者以外の贈与者等の記載欄はない。

つまり、「先代経営者甲」から「後継者Ａ」への株式の贈与について「特例承継計画」を提出すればよく、その後、「甲の配偶者乙」から株式の贈与を受ける際に「特例承継計画」を再度提出することは不要である。

(8) 前記 (7) において「甲の配偶者乙」の贈与が先に行われた場合

「先代経営者甲」から「後継者Ａ」への株式の贈与の前に、「甲の配偶者乙」から「後継者Ａ」に株式の贈与があった場合には、「甲の配偶者乙」から「後継者Ａ」に株式の贈与に対し特例措置の適用はない。

特例措置は、「先代経営者」からの贈与があった後に、「その他の株主」から贈与等について特例措置が認められている（措令40の8の5①二、40の8の6①二）。

(9) 「その他の株主」からの贈与の対象期間

先代経営者以外の配偶者等である「その他の株主」からの贈与は、先代経営者からの贈与等の日以後、その贈与等に係る認定の有効期間内（当該贈与等に係る申告期限から5年）に贈与等の申告期限が到来するものが対象になる（円滑化法規則6①十三等）。

特例措置が適用される期間は平成39 (2027) 年12月31日までの贈与等とされているが、たとえば、先代経営者からの贈与が平成39 (2027) 年に行われた場合であれば、「その他の株主」が平成44 (2032) 年までに贈与を行えば、その贈与等は特例措置の適用を受けることができる。

なお、その平成44 (2032) 年までに行う「その他の株主」からの贈与等については、「特例承継計画書」の再提出は不要であるが「認定申請書」の提出は必要になる。

(10) 既に一般措置の適用を受けた後継者は特例措置不適用

後継者が既に一般措置の適用を受けている場合には、特例措置の適用を受けることはできない（措法70の7の5②六ト、70の7の6②七ホ）。

(11) 代表権が複数ある場合

先代経営者は贈与に際し代表権を有していないこと、そして後継者は贈与の際に代

180　V　円滑化法省令の規定による手続

表権を有していることなどが特例措置を受けるための要件であるが、先代経営者や後継者以外に代表権を有している者がいる場合であっても、後継者は特例の適用を受けることができる。

（12） 税理士法人等の持分は対象外

一般的な株式会社以外の医療法人・社会福祉法人等は、特例措置の対象外である。中小企業基本法における「会社」とは、会社法上の会社だけでなく税理士法人等の士業法人もその「会社」の範囲に含まれているものと解されている。

しかし、事業承継税制の対象となる株式に係る「会社」は会社法上の会社を指すと解されるため、株式会社等の株式が対象となり、医療法人や税理士法人等の士業法人の持分は対象とならない。

```
＜事業承継税制の適用対象法人＞
  株式会社・合名会社・合資会社・合同会社等
＜適用対象外＞
  医療法人・社会福祉法人・税理士法人等
```

【参考（FAQ「中小企業の定義について」（中小企業庁）】

Q2：中小企業基本法上の「会社」の定義を教えてください。

会社法上の会社を指すものと解しています。

また、下記の士業法人は、会社法の合名会社の規定を準用して実質的に会社形態をとっていると認められることから、中小企業基本法に規定する「会社」の範囲に含むものとして解しています。具体的には、以下の通りです。

会社法上の会社等	株式会社 合名会社 合資会社 合同会社 （特例）有限会社（会社法の施行に伴う関係法律の整備等に関する法律）
士業法人	弁護士法に基づく弁護士法人 公認会計士法に基づく監査法人 税理士法に基づく税理士法人 行政書士法に基づく行政書士法人 司法書士法に基づく司法書士法人 弁理士法に基づく特許業務法人 社会保険労務士法に基づく社会保険労務士法人 土地家屋調査士法に基づく土地家屋調査士法人

第2章　特例措置における事業承継税制の仕組み　*181*

【著者紹介】

■編者

平川 忠雄（ひらかわ　ただお）

東京生まれ。中央大学経済学部卒業。日本税理士会連合会理事・同税制審議委員・東京税理士会常務理事などを歴任。現在、中央大学経理研究所講師・日本税務会計学会顧問・日本税務研究センター研究員。公的審議委員として日本商工会議所・東京商工会議所の委員を務める。税理士法人平川会計パートナーズ総括代表社員として、企業や個人に対するタックス・プランニングの指導などコンサルタント業務に従事。

　著書等：「平成30年度 税制改正と実務の徹底対策」（日本法令）、「業種別で見る8％消費税」
　　　　（税務研究会）、「会社分割・企業組織再編税制の実務」（税務経理協会）ほか。
　事務所：税理士法人　平川会計パートナーズ（千代田本部）

■著者

中島 孝一（なかじま　こういち）

東京生まれ。現在、東京税理士会・会員相談室委員、日本税務会計学会副学会長、税理士法人平川会計パートナーズ所属税理士。

　著書等：「平成30年度 税制改正と実務の徹底対策」（日本法令・共著）、「居住用財産に係る税
　　　　務の徹底対策」（税務研究会・共著）、「中小企業の会計要領と実務」（税務経理協会・
　　　　共著）ほか。
　事務所：税理士法人　平川会計パートナーズ（千代田本部）

佐久間 美亜（さくま　みあ）

東京生まれ。大妻女子大学社会情報学部卒業。税理士法人平川会計パートナーズ所属税理士。

　著書等：「平成30年度 税制改正と実務の徹底対策」（日本法令・共著）ほか。
　事務所：税理士法人 平川会計パートナーズ（上野本社）

〔税理士法人　平川会計パートナーズ〕

事務所所在地
　上野本社　　〒110-0005　東京都台東区上野1丁目9番4号
　　　　　　　TEL 03（3836）2751　FAX 03（3835）7471
　千代田本部　〒101-0021　東京都千代田区外神田6丁目9番6号
　　　　　　　TEL 03（3836）2751　FAX 03（3836）0826
　大阪事務所　〒541-0054　大阪府大阪市中央区南本町3丁目6番14号 イトウビル3F
　　　　　　　TEL 06（6282）1212　FAX 06（6282）1211
　札幌事務所　〒060-0002　北海道札幌市中央区北2条西3丁目1番地 敷島ビル611
　　　　　　　TEL 011（252）5005　FAX 011（252）5006
　福岡事務所　〒812-0011　福岡県福岡市博多区博多駅前2丁目20番1号 大博多ビル4F
　　　　　　　TEL 092（260）7745　FAX 092（260）7746

著者との契約により検印省略

平成30年8月25日　初版発行

特例措置と一般措置の仕組みがわかる
事業承継税制ナビ

編 著 者	平	川	忠	雄
発 行 者	大	坪	克	行
印 刷 所	美研プリンティング株式会社			
製 本 所	牧製本印刷株式会社			

発 行 所　〒161-0033　東京都新宿区
下落合2丁目5番13号

振替　00190-2-187408
FAX（03）3565-3391

株式
会社　**税 務 経 理 協 会**

電話（03）3953-3301（編集部）
　　　（03）3953-3325（営業部）

URL　http://www.zeikei.co.jp/
乱丁・落丁の場合は，お取替えいたします。

© 　平川　忠雄　2018　　　　　　　　　　　　　　Printed in Japan

本書の無断複写は著作権法上での例外を除き禁じられています。複写される
場合は，そのつど事前に，㈳出版者著作権管理機構（電話03-3513-6969,
FAX03-3513-6979, e-mail：info@jcopy.or.jp）の許諾を得てください。

JCOPY ＜㈳出版者著作権管理機構 委託出版物＞

ISBN978－4－419－06565－2　C3032